# KATJA HÜBNER

# Okay, danke, ciao!

### Eine Geschichte
### über Freundschaft und
### Obdachlosigkeit

WILHELM HEYNE VERLAG
MÜNCHEN

Unter www.heyne-hardcore.de finden Sie das komplette Hardcore-Programm, den Newsletter sowie alles rund um das Hardcore-Universum.

@heyne.hardcore

Penguin Random House Verlagsgruppe FSC® N001967

Copyright © 2020 by Katja Hübner
Copyright © 2020 der deutschsprachigen Ausgabe
by Wilhelm Heyne Verlag, München,
in der Penguin Random House Verlagsgruppe GmbH,
Neumarkter Straße 28, 81673 München
Lektorat: Kirsten Naegele
Redaktion: Loel Zwecker
Der Abdruck des Textes auf S. 59–61 erfolgt mit
freundlicher Genehmigung von Die Brücke, Lübeck.
Umschlaggestaltung und -motiv:
Johannes Wiebel | punchdesign, München,
unter Verwendung von Motiven von Shutterstock.com
(Vertyr, Vladimir Sviracevic, Bojanovic, bessyana, Paladin12)
Satz: Schaber Datentechnik, Austria
Druck und Bindung: CPI books GmbH, Leck
Printed in the Czech Republic

ISBN 978-3-453-27292-7

www.heyne-hardcore.de

# Inhalt

# Prolog

Anfang Mai 2017 begegnete ich einem einsamen jungen Mann auf einer Hundewiese mitten im Hamburger Schanzenviertel, rund dreihundert Meter von meinem Zuhause entfernt. Sein Name lautet Marc, und damals lebte er auf der Straße. Im Laufe der Zeit stellte ich fest, dass Marc sich nicht realitätsgerecht verhielt, offenbar an einer Psychose litt. Und irgendwann fühlte ich mich für diesen verlorenen Menschen verantwortlich.

Bis zu diesem Zeitpunkt hatte ich keine Ahnung vom Leben auf der Straße und wusste so gut wie gar nichts über psychische Erkrankungen. Ich arbeite als Grafikerin für die Musikbranche und wohne zusammen mit meinem Freund Frank und unserer Tochter Paulina.

Aus dieser ersten Begegnung im Schanzenviertel ist eine Geschichte entstanden, die meinen Blick auf vieles verändert hat. Im Positiven wie im Negativen. Die mir aber auch jegliche Berührungsängste gegenüber psychisch Erkrankten genommen hat.

Im Herbst 2017 begann ich, all das aufzuschreiben. Weil ich spürte, dass nichts mehr alltäglich war, und Dinge passierten, die ich einerseits teilen, mir aber auch einfach von der Seele schreiben wollte. Marcs Familiengeschichte lasse ich im Folgenden bewusst außen vor, denn ich möchte mir nicht anmaßen, diese zu beurteilen oder zu interpretieren. Marc weiß, dass es dieses Buch geben soll, und ist damit einverstanden.

# 1. Tortillachips zum Frühstück

Mai bis Juni 2017

Kurz noch eine rauchen. Der Friseur winkt mir durchs Fenster zu, ich habe gleich einen Termin. In diesem Moment geht ein junger Typ mit Carhartt-Hose, Parka und Norwegermütze an mir vorbei. Er hat asiatische Gesichtszüge, bewegt sich auffallend langsam und wirkt irgendwie abwesend. Plötzlich bleibt er stehen, bückt sich und hebt eine Zigarettenkippe vom Boden auf. Ich bin kurz irritiert und betrete den Friseursalon. Ein sonniger Tag Anfang Mai.

In den kommenden Wochen sehe ich diesen jungen Mann immer wieder. Jedes Mal hat er die Kapuze seiner Jacke über seine Wollmütze gezogen, selbst bei sommerlichen Temperaturen. Wie das Wetter ist, scheint ihm egal zu sein. Entweder liegt er auf der Wiese neben dem Friseur, oder er läuft die Schanzenstraße auf und ab, den Blick stets auf den Boden gerichtet. Von Woche zu Woche wirkt er ungepflegter, die Fingernägel sind lang und bräunlich gelb verfärbt, bald nehme ich seinen Geruch schon aus einigen Metern Entfernung wahr.

In Hamburg sind Obdachlose ein alltäglicher Anblick. Viele campen in Parks, andere suchen Unterschlupf in Hauseingängen oder U-Bahn-Schächten. Es fällt schwer, nicht abzustumpfen, man hat sich an den Anblick gewöhnt. Warum mir nun ausgerechnet dieser Typ nicht aus dem Kopf geht, weiß ich nicht.

Als ich eines Tages auf dem Weg zur Arbeit bin, sehe ich ihn mal wieder bewegungslos – den Blick gen Himmel gerichtet – auf der Wiese liegen.

Ich gehe zu ihm und frage:

»Ist alles okay?«

Er setzt sich auf, schaut mich mit freundlichen Augen an und antwortet mit erstaunlich sanfter Stimme:

»Alles super. Hast du eine Zigarette?«

»Ja klar«, sage ich und frage, ob ich kurz bleiben darf.

»Klar.«

Wir rauchen zusammen, und ich spüre, dass er nicht weiter mit mir reden will. Also verabschiede ich mich und gehe.

Von nun an halte ich jedes Mal bei ihm an. Ich erfahre, dass er Marc heißt, siebenundzwanzig Jahre alt und der Sohn eines Deutschen und einer Indonesierin ist. An guten Tagen, wenn seine Augen klar sind, fragt er mich, woher ich gerade komme, oder will wissen, wie es mir geht. An schlechten Tagen, wenn er unbewegt auf den Boden starrt, fragt er nur nach Zigaretten und sagt eintönig »Danke«. Ich versuche trotzdem, mehr über ihn in Erfahrung zu bringen. Manchmal lässt er sich auf ein Gespräch mit mir ein. Wann und ob das passiert, lässt sich im Voraus nie genau sagen. Also übe ich mich in Geduld.

»Warum sitzt du hier so alleine?«, frage ich ihn, während wir nebeneinander auf seiner Bank sitzen. »Das ist nicht gut. Gibt es denn nicht irgendwo jemanden, der dich vermisst?«

»Doch, schon«, antwortet er.

Und fügt nach einer kurzen Pause hinzu: »Aber das ist jetzt auch egal.«

»Nein, das ist nicht egal«, sage ich. Aber Marc geht nicht weiter darauf ein.

»Okay, danke, ciao.«

Obwohl er mir so deutliche Zeichen gibt, mich immer wieder wegschickt, sobald ich zu viel frage, lasse ich nicht locker. Schon am nächsten Tag frage ich weiter:

»Was ist denn nur los mit dir? Du wirkst, als hättest du auf der letzten Party zu viele Drogen genommen.«

Marc starrt unbewegt vor sich hin.

»Das kann passieren«, sage ich. »Das kommt schon wieder in Ordnung. Du solltest dir im Krankenhaus helfen lassen.«

Keine Antwort. Stattdessen fragt er nach einer Pause: »Hast du noch eine Zigarette?«

Ich halte ihm meine Packung hin, er nimmt sich eine und sagt: »Okay, danke, ciao!«

Marc besitzt nichts. Gar nichts. Sein Essen holt er sich aus Mülltonnen, seine Kippen sammelt er vom Boden auf. Ab und zu legen ihm Anwohner eine Decke auf die Wiese. Diese Wiese und die Bank scheinen für Marc der einzige Ort zu sein, an dem er sich sicher fühlt. Das scheint ihm wichtiger zu sein, als sich vor Regen zu schützen. Eigentlich absurd, denn diese Hundewiese ist alles andere als beschaulich. Kaum fünfhundert Quadratmeter groß, bestückt mit drei, vier Bänken, direkt an einer stark befahrenen Straße gelegen. Vier große alte Bäume stehen hier, am hinteren Ende befindet sich eine Rhododendronhecke. Zweimal im Jahr kommen Angestellte der Stadt vorbei und mähen diesen großen Rasenfleck voller Hundekot.

Marcs Lage erscheint mir vollkommen unmenschlich. In den ruhigen Momenten des Tages denke ich an ihn. Wie kann ich zusehen, wenn ein offenbar einsamer junger Mensch kaum dreihundert Meter von meiner Wohnung entfernt völlig alleine auf einer Wiese sitzt? Wie kann ich achtlos Geld ausgeben für Taxifahrten oder das zehnte Paar Schuhe? Wie kann ich überflüssiges Essen wegwerfen, wenn er zeitgleich in der Mülltonne wühlt?

Am nächsten Tag packe ich eine Tüte mit Essen und Getränken und suche Marc. Ich treffe ihn in der Schanzenstraße. Er freut sich offenbar, mich zu sehen, und fragt:

»Hey, wie gehts?«

Dann will er mich tatsächlich umarmen. Dieses Links-/Rechts-Ding. Aber er riecht so schlimm. Ich reiße mich zusammen und lasse es zu. Er fragt:

»Hast du eine Zigarette?«

Ich gebe ihm eine und frage zurück:

»Sind wir Freunde?«

Marc sagt:»Klar sind wir Freunde.«

Ich drücke ihm meine Tüte in die Hand.

»Ich will nicht, dass meine Freunde Müll essen.«

Mit diesem Satz habe ich ihm etwas Würde schenken wollen, und gleichzeitig war er auch ernst gemeint. Natürlich wird das eine ungleiche Freundschaft, aber ich merke schon jetzt, dass ich diesen einsamen Menschen nicht einfach wieder seinem Schicksal überlassen kann.

Von nun an bringe ich Marc täglich Verpflegung. Morgens ein Getränk und belegte Brötchen, abends packe ich die Beutel dann schon fast übertrieben liebevoll zusammen. Immer ein Stück Obst und einen Schokoriegel, mal Kartoffelsalat und Würstchen, mal Nudeln mit Tomatensoße, jeden Tag etwas anderes, es soll abwechslungsreich sein. Manchmal erscheint es mir selbst sinnlos, aber die Hilfe, die eigentlich gefragt wäre, nämlich ein Dach über dem Kopf, ein Bett im Trockenen oder Unterstützung durch psychiatrisches Fachpersonal, scheint für Marc keine Option zu sein.

Gerade in dieser Anfangszeit beschäftigt mich Marcs verwahrloster Zustand sehr. Vielleicht weil diese äußere Verwahrlosung sichtbarer ist als die innere – und weil Hilfe hier einfacher möglich scheint. Eines Morgens packe ich zu Hause unsere Nagelschere ein und nehme sie mit auf die Wiese. Ich halte ihm die Schere hin und sage:

»Ich glaube, du solltest dir mal die Fingernägel schneiden.«

Er sieht auf seine Hände, nimmt die Schere und antwortet:

»Ja, mache ich später.«

»Gut«, sage ich, »heute Abend möchte ich sie gerne wiederhaben.«

Auf meinem Weg zur Arbeit überlege ich, ob ich diese Schere später desinfizieren oder dann doch lieber entsorgen sollte.

Doch auch diese Gedanken waren umsonst, wie ich abends auf der Wiese feststellen muss. Schon von Weitem sehe ich Marc in lässiger Haltung auf der Bank sitzen. Ich gehe zu ihm und reiche ihm die tägliche Essenstüte.

»Oh, danke«, sagt er und legt sie neben sich auf die Bank.

Ein Blick auf seine Hände lässt mich erschaudern. Blutverkrustete Fingerspitzen an beiden Zeigefingern. Die Fingernägel wurden offenbar abgerissen. An den übrigen Fingern sind immer noch lange gelbe Nägel.

»Was hast du denn da gemacht?«, frage ich und zeige auf seine Hände.

»Äh, nichts.«

»Tut das nicht weh?«

»Nein, nein, das geht schon.«

»Okay … Wo ist denn die Nagelschere?«

»Die liegt da drüben.« Marc geht zielsicher über die Wiese, bückt sich und hebt die Schere auf.

»Ich nehme die jetzt wieder mit«, sage ich und packe sie in meine Tasche. Und beschließe, die Sache mit den Fingernägeln erst einmal hintanzustellen.

»Das Ganze geht dir viel zu nah«, warnt mich eines Tages mein Freund Frank. »Du wirst in dieser Sache gar nichts erreichen.« Aber auch er weiß: Wenn ich mir etwas in den Kopf gesetzt habe, lasse ich mich von niemandem davon abbringen.

Allerdings bin ich tatsächlich etwas überempathisch. Wenn es Menschen in meinem Umfeld schlecht geht, leide ich jedes Mal mit. Was zunächst sympathisch klingen mag, aber niemandem etwas bringt. Ich kann Franks Bedenken also durchaus verstehen. Doch es ändert nichts an meinem Verhalten.

Marc ist ein höflicher Mensch. Er bedankt sich immer, wenn ich ihm etwas mitbringe. Aber den zwischenmenschlichen Kontakt kann er nie lange ertragen. In der Regel steht er schon nach wenigen Minuten auf, sagt sein übliches »Okay, danke, ciao« und geht weg. Bei einem unserer nächsten Treffen spreche ich ihn darauf an:

»Sag mir einfach, wenn ich dich alleine lassen soll. Es ist schließlich deine Bank und deine Wiese.«

»Okay, danke, ciao.« Ich gehe weiter.

Am nächsten Morgen auf dem Weg zur Arbeit sehe ich Marc schon von Weitem mitten auf der Wiese sitzen. Er hat eine Tüte Tortilla-Chips in der einen und ein Glas Chili-Dip in der anderen Hand. Ich lege die Tüte mit Frühstücksbrötchen neben ihn ins Gras und setze mich.

»Hey, wie gehts?«, begrüßt er mich. Offenbar hat er gute Laune.

»Mir gehts gut, dir auch?«, antworte ich.

»Ja, alles super«, sagt er und hält mir die Chipstüte und den Dip entgegen. »Willst du auch?«

»Nein danke, ich habe gerade gefrühstückt«, antworte ich mit Blick auf seine langen, dreckigen Fingernägel. Für eine Zigarettenlänge bleibe ich noch bei ihm im Gras sitzen, dann verabschiede ich mich.

»Ich muss zur Arbeit. Heute Abend komme ich wieder.«

»Okay, danke, ciao.«

Im Büro angekommen, bestimmen dann wieder recht gegensätzliche Themen meinen Tag. Als Grafikerin für die Musikbranche kümmere ich mich seit über zehn Jahren um alle Artworks für Udo Lindenberg. Diese Zusammenarbeit ist besonders und unterscheidet sich von der mit anderen Künstlern, weil Udo ein so außergewöhnlicher Mensch ist. Er hat kein Management und regelt alles selbst. Er beantwortet jede SMS, bevorzugt nachts. Und wenn nach der hundertsten Änderung des

Cover-Artworks immer noch nicht alles passt, tauscht er seinen Hut gegen eine Baseballkappe, macht sich auf den Weg und klingelt sonntagnachmittags an meiner Wohnungstür. Trotz seiner pedantischen, detailverliebten Art ist er dabei stets charmant und verschickt mit Vorliebe Zylinder-, Küsschen- und Raketen-Emoticons. Und genau wie Marc sagt er immer höflich Danke.

In diesem Sommer 2017 geht er auf bundesweite Stadiontour. Gemeinsam mit dem Team seiner Plattenfirma werde ich ihn bei vielen seiner Shows begleiten. München, Köln, Berlin, Hannover, Düsseldorf. Viele Bahnfahrten und Flüge, viele Hotels, viele Backstage-Partys. Shuttle-Service, feinstes Catering und auf den Partys Prominente in Hülle und Fülle. Eigentlich ist das nicht meine Welt. Genauso wenig wie meine neue selbst erwählte Berufung als »Streetworkerin«.

Jetzt im Juni steht die erste Show an, und ich merke, wie sich Unruhe in mir breitmacht. Marc wartet inzwischen täglich auf seine Tüten, er verlässt sich auf mich. Kann ich ihn enttäuschen, frage ich mich und gebe mir selbst die Antwort: Ja, ich muss. Mein Leben darf sich nicht komplett an Marc ausrichten. Das wäre ungesund.

»Marc«, sage ich beim nächsten Wiedersehen, »ich bin Dienstag und Mittwoch in München, da kann ich dir nichts bringen.«

»Ah, wirklich, München?«

Ich gebe ihm zwölf Euro und ein Päckchen Zigaretten. »Damit musst du für zwei Tage klarkommen, okay?«

»Ja, okay. Danke, ciao.«

Am Morgen des 17. Mai geht mein Flug nach München. Udo feiert seinen siebzigsten Geburtstag und spielt zwei Stadionkonzerte. Gemeinsam mit der Crew habe ich ein Geschenk für ihn organisiert: einen von uns gestalteten Tischkicker. Den soll er heute Abend vor der Show überreicht bekommen.

Ankunft in meinem Hotel. Ein modernes helles Doppelzimmer mit bodentiefer Dusche, die man vom Schlafzimmer aus einsehen kann. Mit dem Taxi geht es zum Stadion, wo mein Backstage-Ausweis schon bereitliegt. Die Atmosphäre hinter der Bühne ist ziemlich aufgekratzt, zur üblichen Aufregung kommt heute noch Udos Geburtstag dazu. Während auf der Bühne noch geprobt wird, gehe ich zum Catering, freue mich über das leckere Essen und treffe einige alte Bekannte.

Die »Zarin«, seit Anbeginn der Zeit Udos Make-up- und Styling-Frau, erklärt uns, er habe sich zum Geburtstag gewünscht, dass sie uns alle dramatisch schminkt, und legt gleich damit los. Rita, die A-&-R-Frau, scheint plötzlich zur Adams Family zu gehören, Hans Otto, mein Lieblings-Marketing-Mann hat angsteinflößende schwarze Balken im Gesicht, und ich bekomme einen Drama-Look verpasst, der selbst mich erstaunt, als ich anschließend in den Spiegel schaue.

Gleich ist es so weit: Udos Kicker wird enthüllt. Die einhundertzwanzig Mann starke Crew jubelt, Udo scheint sich ehrlich zu freuen, wir singen ihm ein Lied, und ich bin gerührt. Dann das Konzert: Udo tänzelt zweieinhalb Stunden über die Bühne, rennt, springt und fliegt als Astronaut über sein Publikum hinweg. Außerirdische übernehmen die Bühne, Gaststars treten auf – Udo liebt die ganz große Show, und sie gelingt ihm immer wieder.

Die anschließende Geburtstagsparty findet – eigentlich nicht Udo-like, aber wir sind ja in München – gemeinsam mit Sponsoren im Hotel »Vier Jahreszeiten« statt. Der Geschäftsführer des Hotels begrüßt jeden von uns per Handschlag. Innen dann eingedeckte Tische, gewaltige Kronleuchter, dicke Teppiche.

Die Münchner Schickeria wartet schon. Es gibt sie wirklich immer noch. Wie Karikaturen ihrer selbst stehen sie da mit ihren Champagnergläsern, lächerlich aufgespritzten Lippen und goldenen Rolex und mustern uns aus den Augenwinkeln.

Ich setze mich mit Hans Otto an einen der Tische.

»Hans Otto, das ist das Grauen«, stöhne ich.

»Ach komm, es gibt Schlimmeres«, sagt Hans Otto, greift sich zwei Gläser mit Champagner und zieht einen Aschenbecher zu uns rüber.

»Wir haben völlig vergessen, uns abzuschminken«, sage ich mit Blick auf seine irren schwarzen Balken im Gesicht.

»Nee, das haben wir nicht vergessen. Weißt du, was? Genau so fühle ich mich hier richtig.«

Für diesen Satz muss man ihn einfach lieben.

Udo betritt den Raum, und wie immer sind alle Augen auf ihn gerichtet. Die Botox-Truppe geht in Stellung. Die Prominenten-Töchter greifen sich das Geburtstagskind für ein Selfie. Ich höre ihn Höflichkeiten nuscheln und freue mich über Ina, die angepunkte blonde Sängerin, die auf der Tour einige Songs mit Udo performt. Sie setzt sich vor uns auf den luxuriösen Teppich und stößt mit uns an.

Im Hintergrund kann ich sehen, wie Udo sich bei den Münchner Damen entschuldigt und zu uns rüberkommt. Auch er setzt sich auf den Teppich und macht ein paar sexy Showmoves mit Ina. Die verlassenen Damen beobachten die Szene entsetzt, und ich fühle mich plötzlich unfassbar gut mit meinem miesen Drama-Styling.

Zurück in Hamburg, es regnet schon seit Tagen. Und das mitten im Sommer. Marcs Wiese steht komplett unter Wasser, sein nasser Schlafsack liegt im Matsch. Ich suche ihn und finde ihn wie so häufig auf der Schanzenstraße. Er ist völlig durchnässt.

»Will rauchen«, sagt er.

Wenn es regnet, sind die Kippen auf der Straße alle nass. Zum ersten Mal sehe ich Verzweiflung in seinem Blick. Seine

Schuhe sind vollkommen kaputt, beide Sohlen haben sich abgelöst, bei jedem Schritt klappen sie auf und verursachen ein schmatzendes Geräusch auf der nassen Straße. Er tut mir in diesem Moment unfassbar leid.

Ich stehe vor ihm und versuche, ihn dazu zu überreden, sich irgendwo unterzustellen.

»Nein. Danke, ciao«, sagt er nur und läuft in Richtung Wiese.

So geht das nicht, denke ich und laufe ihm hinterher. Als wir beide bei seiner Bank angekommen sind, versuche ich es noch mal:

»Wollen wir gemeinsam zu einem Waschsalon gehen und deine Sachen waschen und trocknen?«

Marc denkt kurz nach. »Ja, okay, das mache ich«, antwortet er.

Nie hätte ich gedacht, dass er sich darauf einlässt. Wir gehen also nebeneinander durch den strömenden Regen, begleitet von irritierten Blicken der Passanten.

Auch im Waschsalon werden wir angeekelt gemustert. Ich kann die Leute verstehen. Wer möchte schon seine Bettwäsche in einer Waschmaschine waschen, in der vorher stinkende Klamotten eines Obdachlosen gereinigt wurden? Marc setzt sich auf einen Plastikhocker, das Schmutzwasser tropft von seinen Klamotten auf den Boden. Hektisch ziehe ich Waschpulver am Automaten.

»Gib mir deine Jacke«, sage ich zu Marc.

»Ich kann sie nicht ausziehen«, sagt er und starrt zu Boden. »Kannst du mir eine Zigarette geben? Ich will jetzt erst mal eine rauchen.«

So stehen wir wieder auf der Straße im Regen, inzwischen sind wir beide nass. Gegenüber ist ein Laden mit Jacken im Schaufenster. Ich frage Marc, ob er denn die Jacke ausziehen könnte, wenn ich ihm eine neue kaufen würde. Vielleicht habe ich so ja mehr Erfolg. Er bejaht, also betreten wir den Laden.

Zwei getunnelte Hipster-Verkäufer reagieren betont unbeeindruckt. Ich sage:

»Wir brauchen einen großen Parka mit Kapuze, bitte.«

Marc entdeckt einen Spiegel und beginnt, an seinem alten Parka herumzunesteln. Unter seinem Kinn hat sich der Reißverschluss verhakt, es will ihm einfach nicht gelingen, das nasse stinkende Teil auszuziehen. Verzweifelt schaut er wieder in den Spiegel. Was nun? »Aufreißen«, ruft er und schafft es, mit einem Ruck den Reißverschluss zu öffnen. Die Jacke lässt er zu Boden fallen. Erst jetzt sehe ich, dass er darunter noch eine zweite Winterjacke trägt, die ebenfalls durchnässt ist. Der Gestank ist unerträglich, doch die Hipster tun so, als würden sie es nicht bemerken.

Marc bekommt eine neue Jacke gereicht, er zieht sie einfach über die alte, und ich bezahle. Er besteht darauf, den nassen alten Parka mitzunehmen. Er will nicht, dass ich ihn wasche oder trockne. So trennen sich unsere Wege: Marc mit seiner stinkenden Jacke in einer Tüte stapft wieder durch den Regen, und ich gehe nach Hause, um mich umzuziehen.

Abends regnet es immer noch. Als ich nach Marc sehen will, sitzt er wieder auf seiner Bank, er ist noch immer klatschnass. Über die neue Jacke hat er den alten Parka gezogen. Macht jetzt drei Jacken plus Pullover. Ich spüre Resignation in mir aufsteigen, aber was hatte ich denn erwartet? Eigentlich wusste ich ja, dass er sich wieder in den Regen setzen würde. Der Jackenkauf war eine hilflose Aktion. Der Versuch, wenigstens irgendetwas zu verbessern. Zum ersten Mal kaufe ich Marc ein Päckchen Zigaretten und stelle ihm ein Paar alte Arbeitsschuhe meines Freundes vor die Bank. Immerhin, er zieht sie an. Und raucht.

Die nächste Station auf Udos Tour ist Berlin. Ich fahre mit dem Zug, spare mir das Hotel und schlafe bei Freunden in

Kreuzberg, die gerade im Urlaub sind. Udo wird an zwei Abenden hintereinander auf der Waldbühne auftreten. Auch in Berlin regnet es.

Den ersten Nachmittag überbrücke ich die Zeit bis zum Abend auf dem überdachten Balkon der Drei-Zimmer-Altbauwohnung. Ich fühle mich einsam, der Regen prasselt auf das Kopfsteinpflaster, und ich weiß nichts mit mir anzufangen. Schließlich reiße ich mich zusammen, dusche, mache mich fertig und fahre zur Waldbühne. Die Location ist wunderschön, und dieser kitschige Moment, wenn zweiundzwanzigtausend Menschen ihre Feuerzeuge leuchten lassen, während Udo »Hinterm Horizont« performt, ist sehr berührend.

Im Backstage-Bereich wird es plötzlich hektisch. Bei »Rock am Ring« wurde eine Person mit Sprengstoff verhaftet, deswegen ist jetzt auch hier höchste Alarmstufe. In Zivil gekleidete Sicherheitsmänner schreiten jeweils zu zweit die Zuschauerreihen ab, und ich fühle mich unwohl.

Dann ist das Konzert vorbei. Wir werden in einem der Tourbusse zur Aftershow-Party mitgenommen. Normale Taxis seien heute Nacht zu gefährlich. Bevor es losgeht, müssen wir im Bus noch etwas warten, also greife ich mir ein Getränk aus dem gut ausgestatteten Kühlschrank. Endlich kommt die Crew, die Tänzerinnen sind ausgelassen, wir fahren los, und hinter mir singen die Girls lustige Lieder. Ich schaue aus dem Fenster in die Nacht, die angespannte Stimmung aufgrund des Sicherheitsalarms ist verflogen, und eigentlich bin ich gerade ziemlich froh.

Mein zweiter Tag in Kreuzberg beginnt mit dem ewig gleichen depressiven Sound des Regens auf Kopfsteinpflaster. Ich laufe zum nächsten Supermarkt. Unentschlossen schlendere ich durch die Gänge, entscheide mich schließlich für eine Packung Vollkornbrot, Käse und ein paar Tomaten und kehre zurück in die einsame Wohnung meiner Freunde.

Ob Marc heute wohl schon etwas gegessen hat? Alleine, dass ich mir die Frage stelle, nervt mich. Der verregnete Tag verstreicht gähnend langsam, endlich ist es Abend. Noch einmal Waldbühne, noch einmal Udos Show. Das ist inzwischen fast zur Routine für mich geworden und wirkt irgendwie beruhigend.

Auch heute stehe ich neben Jenny im VIP-Bereich. Wir haben eine super Sicht, freuen uns mit Udo und seinem Publikum. Lauthals singen wir mit:

> Nimm dir das Leben
> Und lass es nicht mehr los
> Denn alles, was du hast
> Ist dieses eine bloß
> Nimm dir das Leben
> Und gibs nie wieder her
> Denn wenn man es mal braucht
> Dann findet man's so schwer

Wieder in Hamburg. Es will einfach nicht aufhören zu regnen. Marcs Wiese ist komplett überschwemmt, seit zwei Tagen liegt er im Regen. Seine Hände sind völlig verschrumpelt, als hätte er eine Stunde in der Badewanne verbracht. Außer den Essenstüten und Zigaretten will Marc nach wie vor keine Hilfe annehmen.

Im Internet suche ich nach Antworten. Was kann man tun, wenn ein offensichtlich psychotischer Mensch Hilfe verweigert? Ich erfahre, dass es in Deutschland ein Recht auf den eigenen Willen und auch auf die eigene Krankheit gibt. Einen psychisch Kranken kann man nur einweisen lassen, wenn er andere oder sich selbst gefährdet. Meiner Meinung nach gefährdet Marc sich durchaus selbst. Spätestens dann, wenn die Temperatur unter null geht und er Gefahr läuft zu erfrieren. Der Wikipedia-Eintrag zum Thema »Zwangseinweisung« lässt mich etwas Hoffnung schöpfen.

Darin heißt es, dass die Verhinderung eines Selbstmordversuchs im Rettungsdienst und der Notfallpsychiatrie eine wichtige Rolle spielt. Bei chronisch Kranken oder verwirrten Personen besteht das Risiko einer Selbstgefährdung, aber das lässt sich nicht so einfach auf bestimmte psychische Erkrankungen eingrenzen. Es kommt auf die Situation an, man muss sehen, wie sich die betreffende Person bislang verhalten hat, ob sie bereit ist, sich von einem Arzt behandeln zu lassen, und wie verlässlich sie insgesamt wirkt. Um solche Fragen zu klären, gibt es in Hamburg ein paar psychiatrische Notdienste.

Zu Zwangsunterbringungen kommt es oft mit der Begründung, dass der Patient selbstmordgefährdet ist, was öfter bei schweren Psychosen wie Schizophrenie der Fall ist. Auch bei schweren Depressionen ist das Risiko erhöht, aber da gibt es seltener Zwangseinweisungen.

Betreuungsrechtlich begründen lassen sich Zwangseinweisungen mit Suizidgefahr, aber auch mit anderen potenziellen Gefahren, etwa wenn die betreffende Person sich weigert, eine schwere Krankheit behandeln zu lassen, sie völlig verwahrlost ist, eine Verschlimmerung der psychischen Erkrankung droht, sie hilflos herumirrt oder das Risiko besteht, dass sie verhungern oder erfrieren könnte. Aber so etwas kommt häufiger bei Demenz, chronischen Psychosen oder Suchtproblemen vor. Ob die Person zwangseingewiesen werden kann, hängt natürlich auch davon ab, wie sich das Umfeld verhält, wie sich beispielsweise Verwandte äußern.

Der erste Ansprechpartner für solche Fälle ist also der Sozialpsychiatrische Dienst, eine Behördenstelle der Stadt Hamburg. Ich suche die Nummer heraus, rufe dort an und schildere einer Mitarbeiterin die Lage:

»Der junge Mann sitzt seit Monaten ungeschützt im Regen. Er braucht Hilfe, das kann so nicht weitergehen.«

Sie sagt mir, dass ich zunächst einmal mit einem Bürgernahen Beamten sprechen solle. Also rufe ich bei der Polizei an. Dort erklärt man mir, dass man erst in einer Woche einen Termin vereinbaren könne, schließlich stehe der G-20-Gipfel vor der Tür. Also rufe ich bei Hinz&Kunzt an, die nicht nur das Hamburger Stadtmagazin für Obdachlose herausgeben, sondern auch aktive Hilfe direkt auf der Straße leisten. Ich führe ein langes Telefonat mit einem ihrer Sozialarbeiter. »Wir kennen ihn«, sagt er, nachdem ich Marcs Situation geschildert habe. »Haben ihn mehrfach aufgesucht, aber er hört kaum zu, und wenn es ihm zu viel wird, geht er einfach weg. Da kann man nichts machen, wir können ihn zu nichts zwingen.«

G-20 und Marc. In zwei Wochen wird es ungemütlich werden auf seiner Hundewiese. Sie liegt nur hundert Meter entfernt vom Hamburger Schulterblatt. Hier befindet sich die Rote Flora, ein seit den späten Achtzigerjahren besetztes ehemaliges Theater. Die Aktivisten der Flora sind bundesweit für ihre linksradikalen Ansichten bekannt. Das ganze Viertel steht eher für linke Kultur. Es ist mir absolut unverständlich, weshalb der G-20-Gipfel auf dem Hamburger Messegelände an der Grenze zum Schanzenviertel stattfinden soll. Bereits im Vorfeld wird das von vielen Hamburgern als Provokation gesehen, und ich als Anwohnerin kann diese Kritik verstehen. Ich erkläre Marc, was hier stattfinden wird: gewaltbereite Chaoten, viele Tausend Polizisten, aller Voraussicht nach schwere Krawalle.

Bisher hat Marc mir auf Fragen zu seiner Herkunft und Vergangenheit kaum etwas verraten. Da kommt mir eine Idee. Gut möglich, sage ich, dass du in diesem Trubel in Schutzhaft genommen wirst. »Wenn ich dich hier nicht mehr finde, brauche ich deinen Nachnamen, um nach dir zu suchen.« Es klappt. Endlich erfahre ich seinen kompletten Namen. Zu Hause sitze ich fassungslos vor meinem Laptop. Ich habe Marc gegoogelt und eine offene Facebook-Timeline gefunden, der letzte Eintrag stammt von 2015. Die Zeitleiste zeigt ein Video: Marc als Sänger einer Punkband in Indonesien. Der Song heißt »Be Like Water«.

*We were put on this earth*
*To learn, watch, observe and brightly burn*
*Gimme the mic it's my turn*
*Risen from the dead*
*I return*

*Wir wurden auf diese Erde gesetzt*
*Um zu lernen, zu beobachten, zu entdecken und*
*    hell zu brennen*
*Gib mir das Mikrofon, ich bin an der Reihe*
*Auferstanden von den Toten*
*Kehre ich zurück*

*As I go so does my heart*
*I am here to stay not to depart*
*Make me a stronger person*
*Confident, firm and certain*
*Guided by the force*
*Live life with the source*
*Be free like an animal*

*Und wie ich das tue, tut es auch mein Herz*
*Ich bin hier, um zu bleiben, nicht um fortzugehen*
*Mach mich zu einer stärkeren Person*
*Selbstbewusst, fest und sicher*
*Geführt von der Kraft*
*Lebe das Leben mit dem Ursprung*
*Frei wie ein Tier*

*I forge my life on this anvil*
*Move forward never stand still*
*Immortal I can't be killed in the flash*
*But I live forever in the spirit –*
    *that can't be severed*
*Death is a part of life*

*Ich schmiede mein Leben auf diesem Amboss*
*Gehe vorwärts, stehe nie still*
*Unsterblich kann ich nicht vom Blitz getötet werden*
*Aber ich lebe für immer mit diesem Spirit –*
    *das ist nicht voneinander zu trennen*
*Der Tod ist Teil des Lebens*

*Live with yearning and appetite*
*When you fear you stop – you're acting right*
*There is no end there is an afterlife*
*I'm gonna dance tonight*
*Shake my body and sanctify*
*All my strength I amplify*
*I unfurl my wings and fly*

*Lebe mit Sehnsucht und Appetit*
*Wenn du Angst hast, halte an –*
    *du tust das Richtige*
*Es gibt kein Ende, es gibt ein Jenseits*
*Ich werde heute Abend tanzen*
*Meinen Körper durchschütteln und weihen*
*Meine ganze Kraft verstärke ich*
*Ich breite meine Flügel aus und fliege*

*Be like water*
*Still and violent*

*Be ferocious, soft and silent*
*Discard your fears*
*You don't need them*
*Be couragiest throughout the seasons*
*We were put here for reasons*
*Find them and you'll find freedom*
*Be like water*
*Cleanse and destroyed*
*Stay true to yourself and enjoy*

*Sei wie Wasser*
*Still und gewaltig*
*Sei wild, weich und leise*
*Wirf deine Ängste über Bord*
*Du brauchst sie nicht*
*Sei mutig zu jeder Zeit*
*Wir wurden aus guten Gründen hierhergebracht*
*Finde sie, und du wirst Freiheit finden*
*Sei wie Wasser*
*Reinige und zerstöre*
*Bleib dir treu und hab Spaß dabei*

Diesen Songtext hat Marc anscheinend zu einer Zeit geschrieben, in der er noch nicht so vollkommen in sich selbst zurückgezogen war. Aber möglicherweise hat er diese Einstellung verinnerlicht. Angstfrei erscheint er mir tatsächlich, zumindest in Bezug auf soziale und körperliche Sicherheit. Ob er wohl sein Leben auf dieser Wiese tatsächlich als »Freiheit« empfindet? Wenn er doch nur etwas gesprächiger wäre …

Nach ein paar weiteren Klicks bei Facebook finde ich die Information, dass Marc in Namibia die deutsche Schule besuchte. Aber auch Posts mit Bildern von angsteinflößenden Außerirdischen, Zitate zum Thema Karma und Energie. Alles in allem wirkt die Timeline ähnlich verwirrend wie Marcs aktueller Zustand. Ein Freund hat Anfang 2015 Marcs Profilbild kommentiert: »Just give me a call, bro.«

Über den Facebook-Messenger schreibe ich ihn an und frage, woher er Marc kenne, und dass dieser momentan etwas Hilfe gebrauchen könne. Er antwortet umgehend: Es ist Marcs Bruder, der im Hamburger Stadtteil Ottensen wohnt. Er verspricht, mich nach der Arbeit anzurufen.

Später telefonieren wir, und ich erfahre, dass Marc seit zehn Jahren an einer schizophrenen Psychose erkrankt ist und zwei Klinikaufenthalte hinter sich hat. Zuletzt 2014 in einer geschlossenen Psychiatrie in Indonesien. Dort hatte man ihn eingewiesen, nachdem er wochenlang auf einem Platz mitten in Jakarta, nur in Unterhose bekleidet, herumgesessen hatte. Als er medikamentös gut eingestellt worden war, hatte ihn sein Bruder zu sich nach Hamburg geholt.

In den ersten Monaten sei das ganz gut gelaufen. Die Brüder gingen gemeinsam Pizza essen, hingen zusammen ab – »wie in einer ganz normalen WG unter Brüdern«, erzählt er. Doch dann nahm Marc seine Medikamente nicht mehr und war eines Tages plötzlich weg. Er muss anfangs noch mit dem Zug in Deutschland unterwegs gewesen sein, denn sein Vater bekam Anzeigen wegen Schwarzfahrens, Marc hatte wohl einfach dessen Personalien angegeben. 2015 verlor sich die Spur. Sein Bruder hat keine Ahnung davon, was Marc in den vergangenen beiden Jahren durchgemacht hat.

Der Bruder erzählt mir auch von früher, und immer mehr fügt sich das Puzzlebild von Marcs Leben zusammen. Als die beiden noch klein gewesen waren, war die Familie alle drei Jahre umgezogen. Der Vater, ein international tätiger deutscher Fleischereiexperte, war für die Qualitätssicherung von Großschlachtereien in Südafrika, Nigeria, Jakarta und Iran verantwortlich gewesen. Ihm hätten diese Umzüge nichts ausgemacht, erzählt der Bruder. Aber Marc habe es jedes Mal gehasst, regelmäßig all seine Freunde zurückzulassen.

Er begegne ihm nun seit dem Frühjahr ab und zu in der Schanze. Doch sobald Marc ihn erkenne, drehe er sich um und verschwinde. In seinem psychotischen Zustand, sagt der Bruder, sehe er in ihm einen Feind, der ihn damals in Indonesien habe einweisen lassen. Im Übrigen sei es völlig egal, ob man Marc einweise oder nicht, er werde sich eh nicht bändigen lassen. Und irgendwann müsse er ja auch sein eigenes Leben leben. Auch die Mutter der beiden, erfahre ich, habe keinen Zugang mehr zu ihrem Sohn. Sie wohnt in Florida. Ihr nimmt es Marc übel, dass sie ihm in der Vergangenheit offenbar Medizin ins Essen gemischt hat.

Ich spüre die Resignation des Bruders. Ich kann ihn verstehen, es war bestimmt nicht leicht für die Familie. Trotzdem frage ich mich nach unserem Gespräch, ob ich meinen eigenen Bruder in diesem Zustand auf einer Hundewiese sitzen lassen würde? Könnte ich abends in Ruhe schlafen, wenn ich wüsste, dass er gleichzeitig hungrig und verdreckt ein paar Hundert Meter weiter im Regen auf einer Bank liegt?

Ich entscheide mich, auch Marcs Mutter anzuschreiben, deren Kontaktinformation ich ebenfalls bei Facebook finde. Auf Englisch schreibe ich ihr:

Hallo, mein Name ist Katja, ich bin neunundvierzig Jahre alt und lebe in Hamburg. Ich habe Marc kennengelernt und besuche ihn jeden Tag. Er spricht manchmal mit mir und hat mir seinen vollen Namen verraten. Gestern sprach ich mit seinem Bruder, weil Marc dringend Hilfe benötigt. Ich wäre sehr froh darüber, wenn wir in Kontakt kommen könnten. Marc kann in diesem Park nicht für immer bleiben. Ich bin auch eine Mutter. Meine Tochter ist jetzt vierzehn Jahre alt, aber ich würde gerne immer wissen, wie es ihr geht und welche Probleme sie hat. Egal in welchem Alter.

Auf diese Nachricht bekomme ich erst mal keine Antwort. Was mich wundert. Tatsächlich bin ich davon überzeugt, dass ich immer, wirklich immer für meine Tochter da sein werde. Ich kenne die Berichte über zerstörte Familien, die der Drogensucht oder psychischen Erkrankung der Kinder nichts mehr entgegenzusetzen hatten. Trotzdem: Würde man seinen Angehörigen auch bei einer immer wiederkehrenden Krebserkrankung im Stich lassen und darauf verweisen, dass man schließlich auch sein eigenes Leben leben müsse? Aber ich war bisher nie in einer so grenzwertigen Situation und kann mir kein Urteil erlauben.

Es ist jetzt Ende Juni, in einer Woche beginnt der G-20-Gipfel.

Manchmal frage ich Marc, ob er mit mir zum Kiosk um die Ecke kommen möchte.

»Such dir was zu trinken aus«, ermuntere ich ihn.

Aber er bleibt vor dem Laden stehen und sagt: »Such du was aus.« Also tue ich ihm den Gefallen, und er bedankt sich anschließend für das Getränk.

»Heute gehst du mit rein«, sage ich, als wir wieder einmal vor dem Kiosk stehen.

Es gefällt mir ganz und gar nicht, Marc wie einen Hund vor dem Laden warten zu lassen. Bestimmt ist sein Geruch eine Zumutung, aber für einen kurzen Moment sollte das ein Kioskverkäufer verkraften können.

Marc huscht überraschend leichtfüßig in den Laden, greift zielsicher nach einer Dose Vitamalz im Kühlschrank, drückt sie mir in die Hand und fragt:

»Kann ich auch Chips haben?«

»Ja klar, nimm sie dir.«

Er drückt mir die Chipstüte in die Hand und fragt weiter: »Kaufst du mir auch einen Jägermeister?«

»Nein«, antworte ich in einem etwas übertrieben energischen Ton. »Natürlich kaufe ich dir keinen Alkohol.«

Marc nimmt das ohne erkennbare Reaktion hin, und ich überlege, weshalb mich seine Frage nach Alkohol gerade so aus dem Konzept gebracht hat. Er ist schließlich kein Kind mehr und hat anscheinend auch kein Alkoholproblem. Vielleicht ist es die unbewusste Angst davor, er könne jetzt auf seiner Bank auch noch zum Säufer werden. Schon mehrfach habe ich mich bei dem Gedanken erwischt, dass ich mich für einen der vielen schwer alkoholkranken Obdachlosen auf Hamburgs Straßen nicht so sehr engagieren könnte, wie ich das bei Marc tue. Wahrscheinlich aus dem Gefühl heraus, hier nichts bewirken zu können. Aber woher nehme ich die Energie für Marc? Glaube ich wirklich, eine Psychose lasse sich leichter beheben als ein Alkoholproblem?

Zurück auf der Wiese, reißt Marc die Chipstüte auf und beginnt zu essen. Die Chips spült er mit Malzbier runter und sitzt anschließend zufrieden im Gras, sein Bart und seine Jacke sind voller Krümel. Zumindest für einen kurzen Moment scheint er glücklich, und ich gehe gut gelaunt nach Hause.

Aber solche Momente sind selten, und in der Regel treffe ich Marc in seiner depressiven »Alles-egal-Stimmung« an. Wenn ich ihn dann frage, was er essen möchte, antwortet er jedes Mal, dass ich das doch aussuchen solle. Ich versuche immer wieder, ihn aus der Reserve zu locken:

»Gibt es denn nicht irgendetwas, was du besonders gerne magst?«

»Früher mochte ich gerne Mett«, presst er mühsam hervor. Diese Frage zu beantworten scheint ihm enorm schwerzufallen.

Endlich, er hat einen Wunsch geäußert! Fast schon glücklich, kaufe ich im Lidl gegenüber eine Zwiebelmettwurst und presse sie vor dem Supermarkt zwischen zwei Brötchenhälften. Eine ältere Dame hält mir eine Banane hin und erklärt mir, dass die gut sei bei so starkem Hunger. Als ich ihr sage, dass die Brötchen nicht für mich, sondern für einen Obdachlosen sind, drückt sie mir noch zwei Euro in die Hand. Ihre Geste rührt mich.

Immer wieder frage ich mich, weshalb ich all das eigentlich tue. Woher kommt diese Zuneigung zu einem stinkenden, offensichtlich psychisch kranken Menschen, der kaum spricht und keinerlei Emotionen zeigt? Der mich täglich abweist, wegschickt, sich nicht helfen lassen will? Diese Zurückweisung ist manchmal schwer zu ertragen, aber ich tröste mich damit, dass er ja krank ist, und im Grunde ahne ich, dass unsere ungleiche Freundschaft trotzdem sehr wichtig für ihn ist.

Der tägliche Essensdienst ist inzwischen fester Bestandteil meines Alltags. Unser Büro teilen sich meine Kollegin Antje und ich mit einem gemeinsamen Angestellten und dem Hamburger Plattenlabel Grand Hotel van Cleef. In der Regel herrscht dort eine gute, freundschaftliche Stimmung, es wird viel gelacht. An den meisten Tagen gehe ich wirklich gerne zur Arbeit. Inzwischen wissen alle von Marc. Die Geschichte gehört derzeit zu meinem Leben, also rede ich auch viel davon. Regelmäßig werde ich nach ihm gefragt. Im Freundeskreis ist es genauso. Alle fragen mich nach ihm, und ich antworte. Sehr oft bekomme ich zu hören, wie toll es sei, dass ich mich um Marc kümmere. Aber wirklich erreicht habe ich bisher noch gar nichts.

## 2. Einmal im Leben ganz unten ankommen
### Juli 2017

Wir leben seit sechzehn Jahren in einer kleinen Spielstraße am Rande des Schanzenviertels. Unsere Ladenwohnung verfügt über drei Ebenen. Die untere führt in einen Hinterhof. Das Haus wurde nie wirklich saniert, überall sind Kratzer im alten Dielenboden, und der fünf Meter hohe ehemalige Ladenraum mit dem riesigen Schaufenster müsste mal wieder gestrichen werden. Manchmal lähmt mich das Gefühl, hier niemals fertig zu werden. Ist die Küche endlich renoviert, müsste eigentlich die zehn Jahre alte Terrasse im Hof schon wieder erneuert werden. Trotzdem liebe ich unser Zuhause, weil es so besonders ist und ich mich hier einfach geborgen fühle.

Unsere Tochter Paulina verfolgt meine Berichte über Marc und meinen missionarischen Versuch, ihn irgendwie zu retten, mit großem Interesse.

»Woher kommt denn so eine Psychose?«, fragt sie mich.

»Das weiß ich auch nicht so genau«, antworte ich, »ich glaube, da gibt es die verschiedensten Auslöser. Bei manchen sind es die Drogen, aber es kann auch einfach so auftreten. Soweit ich weiß, gibt es auch genetische Faktoren, also Unterschiede zwischen den Menschen: Bei manchen kann es eher dazu kommen, bei anderen weniger.«

Als ich Marc das nächste Mal treffe, fragt er mich als Erstes, ob ich ihm Geld geben könne. Er ist Kettenraucher und möchte gerne noch mehr rauchen. Ich antworte:

»Sorry, aber so viel Geld habe ich auch nicht.« Und gebe ihm mein fast noch volles Päckchen Zigaretten.

Ich bin Marc gegenüber ähnlich inkonsequent, wie ich es in der Kindererziehung war. Ich versuche, Regeln aufzustellen, die mir vernünftig erscheinen, und vergesse sie selbst sofort wieder, wenn Emotion über Vernunft siegt.

Der eigentliche G-20-Gipfel findet am 7. und 8. Juli statt. Aber bereits in den Wochen davor ist die Stadt in einem Ausnahmezustand. Die Zeitungen sind voller Horrorszenarien. Zwanzigtausend Polizisten aus der gesamten Republik stehen bereit. An einem Mittwoch laufe ich wie immer quer durch das Schanzenviertel zu unserem Büro. Über mir Hubschrauber, an jeder Straßenecke Hundertschaften, überall Einsatzwagen und Pferdestaffeln. In der Feldstraße warten zwei Wasserwerfer auf ihren Einsatz. Im Büro angekommen, spreche ich mit meinen Kollegen über die unheimliche Atmosphäre. Malek mustert mein Outfit und grinst:

»Vielleicht nicht die beste Idee, während G-20 komplett schwarz bekleidet und mit Schnürstiefeln unterwegs zu sein.«

»Ach komm. Siehts so aus, als hätte ich Molotowcocktails in meiner Handtasche?«

Ich bin ernsthaft genervt. Muss man jetzt seine Klamotten dem G-20-Gipfel anpassen?

Apropos Kleidung: Schon seit zwei Wochen werden jeden Tag die Habseligkeiten der Obdachlosen von der städtischen Müllabfuhr eingesammelt. Also versuche ich noch einmal alles. Ob Jesuscenter, Diakonie oder die Leute vom Hamburger Straßenmagazin *Hinz&Kunzt*: Überall kennt man mich schon, und überall bekomme ich Hilfe.

Meine neue Rolle als Bittstellerin ist ungewohnt, ich muss mich dazu überwinden. Auch wenn die Sachen nicht für mich, sondern für Marc sind: Immer wieder zu fragen, zu bitten und sich zu bedanken, lässt mich eine gewisse Demut spüren. Aber ich sehe es auch als eine neue Erfahrung. Vielleicht kann ich dadurch besser verstehen, wie es wohl sein muss, sich jeden Tag mit dem Nötigsten zu versorgen und auf Almosen angewiesen zu sein.

In der Drogenberatungsstelle, die direkt gegenüber von Marcs Wiese liegt, frage ich, ob es okay wäre, wenn ich bei ihnen eine Matratze unter das Vordach legen würde. Ja, das wäre in Ordnung, teilt man mir freundlich mit. Voller Tatendrang gehe ich nach Hause und hole eine alte Matratze aus unserem Keller. Frank schaut mir kopfschüttelnd zu.

»Du kriegst ihn nicht weg von seiner Bank«, glaubt er.

Aber ich lasse mich nicht beirren und schleppe die Matratze bis zur Drogenberatungsstelle. Hier wäre Marc deutlich besser vor Wind und Wetter geschützt, und außerdem ist die Chance hier größer, dass seine Matratze nicht von der Müllabfuhr eingesammelt wird.

Aufgeregt bitte ich ihn, mit mir zu kommen. Unter dem Vordach stehend, erkläre ich ihm geduldig, dass er hier erstens trocken sei und dass er zweitens hier schlafen dürfe. Er schaut mich mit seiner ausdruckslosen Miene an und fragt dann:

»Kann ich die Matratze mit auf die Wiese nehmen?«

»Nein«, sage ich, »die soll doch hier liegen bleiben, auf der Wiese wird sie ganz nass.«

»Ja, gut«, sagt Marc.

Mit einem ungutem Gefühl gehe ich nach Hause. Ich ahne bereits, dass die Matratze nicht unter dem Vordach liegen bleiben wird. Als ich später noch mal nach Marc sehe, liegt er samt Matratze auf der Bank. Mitten im Regen.

Den Versuch war es wert. Allmählich gewöhne ich mich an diese Sisyphusarbeit. Frank muss ich zugestehen, dass er immerhin nicht rechthaberisch ist. Statt eines »Ich habe es dir ja gesagt« sehe ich Mitleid in seinem Blick.

»Ich würde ihm da irgendeinen Unterstand bauen, aber das reißt die Stadt sofort wieder ab.«

Ich erkenne sein Angebot als das an, was es ist: ein besonderer Liebesbeweis.

Am Montagabend, dem Start in die G-20-Woche, begegne ich einem anderen Obdachlosen, der einen Einkaufswagen vor sich herschiebt.

»Hey, suchst du einen Schlafplatz?«, frage ich ihn, und als er nickt, erzähle ich ihm von Marc, der Wiese und dem Vordach der Drogenberatungsstelle.

Sein Name ist Pitje, er ist ein ehemaliger Junkie, der schon seit Jahren auf der Straße lebt.

»Man hat es nicht leicht«, sagt er. »Gerade in diesen Tagen sind kaum Pfandflaschen zu finden, die Müllabfuhr entsorgt alles, was nicht niet- und nagelfest ist.«

Immerhin: Jetzt hat er einen neuen und vor allem trockenen Schlafplatz.

Am Dienstagabend kommt es am Neuen Pferdemarkt unweit unseres Büros zu den ersten Zusammenstößen zwischen Demonstranten und Polizisten. Eine Gruppe junger Menschen, nicht mehr als dreihundert Personen, sitzt im Gras, die Stimmung ist friedlich, fast schon heiter. Dosenbier und Matedrinks, junge Pärchen mit Kleinkindern, ein paar Transparente, Musik. Auf der anderen Seite haben sich Hunderte Polizisten aufgebaut. Mit den verschlossenen Visieren ihrer Helme bilden sie eine bedrohliche Wand. Am nächsten Morgen lese ich in der Zeitung, dass dieser Platz später am Abend mit Wasserwerfern geräumt wurde. Das erscheint mir doch sehr unverhältnismäßig. Genau wie diese permanent kreisenden Hubschrauber über unserem Viertel.

Am Mittwoch ist Marcs Schlafsack wieder weg. Ich will zum Jesuscenter, doch das hat noch nicht geöffnet. Und eigentlich muss ich dringend ins Büro. Die Flora hat einen Info-Point aufgebaut, also gehe ich dorthin und schildere das Problem in der Kurzfassung: Mann, vermutlich mit einer Psychose, zu nah am Kriegsschauplatz, Ordnungsamt, Campingverbot, er kann die Wiese aber nicht verlassen. Die junge Frau mit Dreadlocks hinter der Bar erklärt mir, dass sie zwar keine Schlafsäcke habe, dafür aber warme Pullover. Sie könne auch einen Aufruf starten. Das ist an sich ja total nett, aber gleichzeitig wird es mir jetzt zu kompliziert, und ich muss blöderweise echt zur Arbeit. Hektik kommt auf, die ich nicht haben will.

Trotzdem gehe ich zurück zum Jesuscenter, die Arbeit muss warten. Im Center frage ich eine ältere Dame, die gerade Kaffee ausschenkt, ob sie den Mann mit dem Parka kenne.

»Ja«, antwortet sie, »der war zweimal da, spricht mit niemandem und trinkt einfach die Milch aus, ohne zu bezahlen.«

Und statt zu duschen, habe sich Marc neulich einfach einen Eimer Wasser über den Kopf geschüttet. Er hat sich hier nicht so gut benommen. Ich erzähle trotzdem, was ich weiß. Dass er offenbar an einer Psychose leidet, auf der Wiese lebt und das Ordnungsamt jeden Morgen seine Schlafsachen entfernt. Immer noch die Kaffeekanne in der Hand, sagt sie:

»Wir haben hier gerade ganz viele einquartiert, überall wurde aufgeräumt.« Und nach einer kurzen Pause: »Kommen Sie mal mit, ich gebe Ihnen neue Sachen.«

Ich begleite sie in einen Raum, in dem gebrauchte Kleidung, Hygieneartikel, Handtücher und Decken ordentlich gestapelt in Regalen liegen. Geduldig sucht sie Sachen für Marc heraus, einen jungen Obdachlosen, der ihr bisher unsympathisch war. Dafür bewundere ich diese Frau gerade sehr.

Was habe ich im normalen Leben mit dem Jesuscenter zu tun? Nichts. Ich bin nicht religiös, und ich glaube nicht an Gott. Jetzt gehe ich zu meinem Auto, unter dem Arm einen Schlafsack, eine Isomatte, eine Decke, eine Hose und eine Reisetasche. Dass Marc die Tasche nicht brauchen wird, weil er eh nie etwas verstaut, und auch die Hose nicht wechseln wird, ahne ich bereits.

Abends nach der Arbeit bringe ich ihm die neuen Sachen sowie die tägliche Verpflegung.

»Ah, okay, danke«, sagt Marc mit Blick auf die volle Ikea-Tüte.

»Marc, da ist auch eine frische Hose, willst du die nicht anziehen?«, frage ich.

»Ja, mache ich später dann.«

Am Donnerstag bringe ich ihm die Tüte und will zum Kiosk um die Ecke. Auf der Straße gegenüber vom Schulterblatt ist alles ruhig. Ein paar Passanten, vor dem Kiosk wie immer ein paar alte Männer, die Bier trinken. Plötzlich taucht hinter mir wie aus dem Nichts eine Hundertschaft der Polizei auf. Ich werde geschubst. Einer brüllt:

»Alle weg hier!«

Mit erhobenen Händen gehe ich in die empfohlene Richtung, doch von links kommt noch eine Hundertschaft angerannt und sprüht im Vorbeilaufen ohne jegliche Vorwarnung Pfefferspray auf mich und die alten Männer. Meine Augen schmerzen, die Tränen laufen mir übers Gesicht und vermischen sich mit echten Tränen, weil ich vor Wut heule. Völlig verwirrt renne ich einfach los.

Als ich an Pitjes Schlafplatz vorbeikomme, zittere ich immer noch. Er erkennt meine miserable Verfassung und bietet mir erst mal ein Bier an. Nachts um elf sitze ich auf einer Mauer und lasse mich von einem obdachlosen Ex-Junkie trösten.

Bisher war die Polizei für mich nicht bedrohlich. Ja, ich habe mich hin und wieder geärgert über einige sich selbst zu mächtig fühlende Straßenpolizisten, die mir das Gefühl vermittelten, dass sie die Strafzettel voller Genugtuung hinter meine Scheibenwischer klemmten. Aber es gab auch genügend Situationen, in denen ich mich von der Polizei beschützt gefühlt habe.

Jetzt, in dieser Stadt voller Spezialkräfte aus dem ganzen Land, die vor allem bei schweren Ausschreitungen eingesetzt werden, herrscht eine Atmosphäre, die mir Angst einflößt. Sie lässt mich an meinem bisherigen Bild der Polizei zweifeln.

Am Freitag eskaliert die Situation in den Straßen dieser zum Bürgerkriegsschauplatz verkommenen Stadt dann völlig. Ich bin zu Hause mit meiner Tochter und unserem Hund und verfolge das Geschehen vor dem Fernseher. Im Schulterblatt überall brennende Barrikaden, Läden werden geplündert, Steine fliegen. Laut Polizeisprecher sehen sich die Ordnungshüter aufgrund eines Baugerüstes am Ende des Schulterblatts nicht in der Lage, das Viertel zu stürmen. Es könnten Dachziegel von oben auf die Beamten geworfen werden. Diese Begründung verblüfft mich, denn es gibt mindestens fünf Zufahrtswege zum Schulterblatt. Zudem verfügen die in Hamburg versammelten Einsatzkräfte über Wasserwerfer. Ich ahne, dass das Viertel soeben geopfert wird. Die Polizei hat sich relativ weiträumig zurückgezogen. Stand gestern noch an jeder Ecke eine Hundertschaft, ist plötzlich nur noch das Messegelände abgeriegelt. Der riesige Rewe-Markt schräg gegenüber der S-Bahn-Station Sternschanze wird ebenfalls geplündert. Warum ist hier keine Polizei?

An die Schaufensterscheibe unserer Ladenwohnung hänge ich ein Transparent mit der Aufschrift »NO G20«, vor die Wohnung stelle ich ein paar Kerzen. Das Auto schmücke ich ebenfalls mit einem »NO G20«-Pappschild und Hawaii-Ketten, wohl wissend, dass das im Zweifel auch nichts bringen wird.

Auf der Stufe unserer Eingangstür sitzend, halte ich Wache. Unermüdlich kreisen die Hubschrauber über mir. Menschen rennen durch die Straße. Ein junges Mädchen drückt mir geklaute Supermarktrosen in die Hand, ein Typ trägt einen Apple-Karton unter dem Arm. Die Rosen stelle ich in eine Vase. Sie sollen jetzt nicht auch noch sinnlos verwelken. Endlich geht dieser Tag vorbei.

Am nächsten Morgen laufe ich durch das verwüstete Viertel. Vorbei am geplünderten Supermarkt, vorbei an dem rauchenden

Scheiterhaufen mitten auf der Kreuzung, über mir noch immer die Hubschrauber, um mich herum überall die Polizei. Eine surreale Situation. Wie geht es Marc? Wie wirkt die reale Gefahr auf einen Menschen, der sich sowieso bedroht fühlt?

In den Tagen nach dem Gipfel wird er krank. Er sieht fiebrig aus, der Schweiß läuft ihm über das Gesicht. Sein Geruch wird immer unerträglicher. Ich frage ihn, ob er denn nicht wenigstens eine von seinen Jacken ausziehen könne. Hin und wieder macht er es, aber wenn ich weitergehe und mich umschaue, sehe ich, wie er sie direkt wieder überstreift.

Dieser Gestank, eine furchtbare Mischung aus Kotze, Schweiß und Mensch, war für mich in meinem bisherigen Leben immer ein Grund, ganz schnell weiterzugehen, wenn ich jemandem über den Weg lief, der so roch. Momentan muss ich damit leben. Während ich darüber nachdenke, kommt mir der Hund meines Bruders in den Sinn. Paul ist ein Rhodesian-Ridgeback-Labrador-Mischling. Ein wirklich toller und lieber Hund. Aber er stinkt. Es gibt Hunde, da hilft keine Futterumstellung, kein Barfen, sie stinken einfach. So wie Paul. Als mein Bruder im vergangenen Jahr für einige Zeit im Krankenhaus war, wohnte sein Hund bei uns. Was bei seinem Gestank ziemlich schwer auszuhalten war. Doch schon nach drei Tagen fiel mir auf, dass ich Pauls Geruch nicht mehr wahrnahm. Meine Nase hatte ihn anscheinend akzeptiert. Ähnliches passiert mir gerade mit Marc. Ich rieche ihn noch, aber ich kann es aushalten.

Um die mühsam ergatterten Schlafsachen vor dem Regen zu schützen, lege ich jetzt vormittags auf dem Weg zur Arbeit immer eine Plane darüber und hoffe, dass die Sachen abends noch da sind. Immerhin werden sie jetzt nicht mehr ganz so häufig vom Ordnungsamt entsorgt. Allerdings ist es enorm wichtig, die Plane abends zu entfernen, denn solange sie auf dem Schlafsack liegt, kann Marc nicht darin schlafen. Es darf sich nichts verändern. Das scheint ihm enorm wichtig zu sein. Liegt die Plane abends noch auf dem Schlafsack, legt er sich einfach daneben auf die Wiese. Viele Monate später wird mir ein Psychologe erklären, dass Menschen während einer solchen Psychose die Orientierung verlieren. Dass das Innere und das Äußere ineinander verschmelzen. Wer sich völlig durchlässig und schutzlos fühlt, mag die Kleidung nicht mehr wechseln; sie wird zur zweiten Haut. Wenn nichts mehr sicher ist, geben kleine Rituale Sicherheit. Wenn die Ohnmacht allgegenwärtig ist, darf sich äußerlich nichts mehr verändern. Es gibt dann nur noch ganz wenige Punkte, an denen sie sich orientieren können, die noch so was wie Halt geben. Für Marc scheint dies die Bank auf der Wiese zu sein.

An diesem Tag im Juli hat Marc schlechte Laune. Er sagt mir, dass er nicht möchte, dass ich die Plane auf seine Sachen lege. Ich werde wütend und sage ihm, dass er doch mal gegen seine irren Gedanken ankämpfen soll. Ich streite mich mit einem verrückten, stinkenden Obdachlosen, den ich doch eigentlich mag.

Der Bürgernahe Beamte ruft an, endlich hat man Zeit für mein Anliegen gefunden. Wir vereinbaren einen Termin. An einem Dienstagnachmittag sitzen wir schließlich in meiner Wohnung, der Polizist sammelt Infos über Marcs Krankheitsverlauf, den ich ihm anhand der Informationen seines Bruders, so gut es geht, beschreibe. Erstmals habe ich das Gefühl, dass sich etwas bewegt. Der Beamte erklärt, dass die Amtsärztin erneut informiert und ein Antrag auf Betreuung bei Gericht gestellt werden soll.

Schon zwei Tage später ruft mich der Beamte wieder an. Die Amtsärztin sieht keinen Handlungsbedarf. Marc gehe es nicht schlecht genug. Dieser offenbar psychisch kranke Mann lebt auf einer Parkbank und kann nicht an seine Sachen, wenn über ihn eine Plane liegt. Aber es geht ihm trotzdem noch zu gut, als dass ihm geholfen werden kann. Eine Zwangseinweisung erfolge nur dann, wenn das Leben akut in Gefahr sei. Jetzt soll immerhin der Antrag auf Betreuung gestellt werden.

Nach einer Internetrecherche wird mir klar, dass eine rechtliche Betreuung für Marc kaum Hilfe bedeuten würde. Es wäre lediglich ein fremder Mensch, der ab und an die Wiese aufsuchen würde, um ihn über seine Rechte zu informieren. Daran sind bereits etliche Streetworker gescheitert. Jetzt könnte ich resignieren. Könnte einsehen, dass hier nichts zu machen ist. Aber mein Wille, an Marcs Situation etwas zu verändern, wird dadurch nur noch stärker.

Schon wieder herrscht schlechte Stimmung zwischen Marc und mir. Es geht erneut um die Plane. Er möchte nicht, dass ich sie auf den Schlafsack lege, obwohl ein Gewitter angekündigt ist. Ich erkläre ihm, dass das völlig unlogisch sei. Doch mit Logik ist bei ihm nichts zu machen. Er sieht mich nur an und sagt:

»Es geht schließlich auch um die Aura.«

Die Stimme, mit der er diese Worte sagt, habe ich so vorher noch nie gehört. Auch seine Augen sehen ganz anders aus. Geradezu fanatisch. Von seinem Bruder weiß ich, dass Marc früher als spirituell begabt galt und Eckhart Tolle verehrte, einen Deutschen, der nach eigener Aussage mit neunundzwanzig ein »spirituelles Erwachen« erlebte und sich von da an berufen fühlte, seine Erfahrungen als Buchautor zu verarbeiten. Für seine Bestseller soll Tolle sogar zwei Jahre auf Parkbänken verbracht haben, allerdings unter anderen Umständen als Marc. Während der hier in Hamburg sitzt und jeden Tag mehr verwahrlost, spürte Tolle bei seinem Outdoor-Abenteuer »einen Zustand intensivster Freude« und vertrat anschließend die Theorie, dass es keine Zeit gibt. Keine Vergangenheit, keine Zukunft, nur das Hier und Jetzt. Sein Buch *Leben im Jetzt. Lehren, Übungen und Meditationen aus »The Power of Now«*

schaffte es sogar auf Platz eins der *New York Times*-Bestseller-liste.

Glaubt Marc denn wirklich, dass er sich hier auf einem spirituellen Weg befindet? Meine Frustration wächst von Tag zu Tag. Diesmal sind es wieder Marcs Schuhe, die Sohlen lösen sich ab, bei jedem Schritt klappen sie auf. Gestern hatte er noch einen Schnürsenkel drumgebunden. Manchmal wundere ich mich, zu welchen Dingen er dann doch fähig ist. Heute ist der Schnürsenkel verschwunden, die Konstruktion hat offenbar nicht lange gehalten.

Am nächsten Morgen trägt Marc eine neue, saubere Hose, die ihm offenbar jemand anderes besorgt hat. Zuerst freue ich mich, bemerke dann aber, dass die Hose doch recht groß ist.

»Hast du dir die etwa über die andere drübergezogen?«, frage ich.

Marc nickt. Das Thermometer zeigt siebenundzwanzig Grad. Ich bin fassungslos. So gut ich Marc inzwischen zu kennen glaube, verstehen tue ich ihn nicht.

Pitje erzählt mir schon seit Wochen, dass er wahrscheinlich in der Vier-Zimmer-Wohnung einer alleinstehenden Hundebesitzerin unterkommen kann. Er liebt Hunde und hat stets Leckerlis dabei. Die Dame kenne ich. Das könnte passen. Allerdings möchte sie nicht, dass Pitje öffentlich darüber spricht. Sie erwartet von ihm lediglich ab und zu ein paar kleinere Reparaturen, und dass er manchmal auf den Hund aufpasst. Eine Win-win-Situation.

Ein paar Tage später treffe ich ihn wieder. Gestern hat er zum ersten Mal in der Wohnung der Hundebesitzerin übernachtet. Er wirkt noch ziemlich aufgekratzt und will erst mal Leergut zum Rewe bringen, der nach der G-20-Plünderung wieder aufgemacht hat.

»Dein Freund sitzt drüben auf der Bank«, sagt Pitje. »Ist heute schlecht drauf.«

»Ja«, antworte ich, »das habe ich vorhin schon gemerkt.«

»Er bekommt ständig Essen von den Anwohnern, aber ganz viel davon schmeißt er einfach in den Müll.«

»Aber ich sehe doch, dass er meine Sachen isst.«

»Dann hat das vielleicht was mit Vertrauen zu tun.«

Darüber muss ich nachdenken. Ja, ich glaube Marc vertraut mir inzwischen. Aber seine Wahnvorstellungen scheinen immer stärker zu werden, und trotz seines Vertrauens sehe ich keine Chance, dass er sich freiwillig von dieser Wiese verabschiedet. Sein Blick wirkt immer häufiger teilnahmslos. Momentan ist kein Kontakt mit ihm möglich. Am Samstagmorgen stelle ich ihm wortlos eine Flasche Wasser und zwei Schokocroissants vor die Füße und gehe wieder. Es schüttet wie aus Eimern. Am Nachmittag treffe ich ihn in der Schanzenstraße. Vollkommen durchnässt, strahlt er mich mit weit aufgerissenen Augen an.

»Hey, wie geht es dir?«, fragt er.

»Mir gehts gut, und dir?«

»Super, viel besser, bin wieder viel relaxter. Wollen wir was kaufen gehen?«

»Ja klar, was willst du? Pizza?«

»Ja, Pizza ist super.«

Wir gehen nebeneinander. Ich überquere die Ampel zum Schanzenbäcker, doch plötzlich ist Marc nicht mehr neben mir. Da sehe ich ihn auf der anderen Straßenseite stehen. Er scheint mich zu suchen und sieht verwirrt aus. Ich muss lachen und winke ihm zu. Er sieht mich und geht in meine Richtung. Doch die Ampel steht auf Rot. »Halt, stopp!« Zum Glück reagiert er. Ein orientierungsloses Riesenbaby mitten in der Großstadt.

Die Spinat-Feta scheint ihm zu schmecken. Zum Abschied sagt er:

»Hey, danke für die Pizza. Hast du noch eine Zigarette?«

»Na klar.«

Wir gehen zurück zur Wiese. Sein Schlafplatz ist mal wieder nass. Aber heute ist das egal, denn Marc ist gut drauf.

Diese eher seltenen Situationen, in denen ich kurz vergesse, dass Marc unter einer schweren psychischen Erkrankung leidet, und ihn tatsächlich einfach nur als Freund wahrnehme, mit dem ich einen guten Moment teile, sind wertvoll. Sie entschädigen mich für die vielen Rückschläge und bestätigen mir gleichzeitig, dass ich auf dem richtigen Weg bin.

Alle zwei Wochen kommen Mitarbeiter des Ordnungsamts vorbei und räumen auf der Wiese auf. Schlafsäcke haben hier offenbar nichts verloren und werden deshalb einfach mitgenommen. Ist es diesen Menschen eigentlich völlig egal, dass sie den Obdachlosen ihre Schlafplätze wegnehmen und damit manchmal ihr ganzes Hab und Gut?

»Ist schon wieder alles weg?«, frage ich Marc beim nächsten Mal.

Er nickt. »Ich brauche einen Schlafsack.«

»Ich besorge dir einen.«

Warum tue ich das? Warum renne ich wie eine Irre durch die Stadt auf der Suche nach immer neuen Schlafsäcken? So richtig kann ich es mir selbst nicht beantworten. Also akzeptiere ich einfach mein Verhalten und lasse mich einfach machen.

In der Diakonie erkläre ich die neue Situation. Inzwischen kennt man mich auch hier.

»Ah, sie waren vor einiger Zeit schon mal hier«, höre ich die Dame am Empfang sagen. »Warten Sie einen Moment, ich hole einen Schlafsack.«

Ich setze mich auf einen Stuhl und warte. Ein Obdachloser, offenbar osteuropäischer Herkunft, fragt die andere Frau am Tresen, ob Post für ihn angekommen sei.

»Nein, ich habe nichts für Sie«, antwortet sie.

Andere stehen an, um für das Mittagessen zu bezahlen. Für 1,50 Euro gibt es ein warmes Essen samt Nachtisch. In einer Infobroschüre lese ich, dass man in dieser Tagesaufenthaltsstätte auch duschen und seine Wäsche waschen kann. Kostenloses WLAN ist ebenfalls vorhanden. Außerdem bietet man hier sowohl eine hausärztliche als auch eine Sprechstunde von Sozialarbeitern an.

Man kann sich hier also ganz gut über den Tag bringen, denke ich. Und in der Nacht? Mir fällt auf, dass ich kaum Frauen sehe, auch auf den Straßen scheinen wesentlich mehr männliche Obdachlose unterwegs zu sein. Ich erinnere mich an einen Artikel, den ich kürzlich dazu gelesen habe: Frauen versuchen, sich auf der Straße unsichtbar zu machen. Für sie ist die Situation wesentlich gefährlicher. In einem Interview hat eine Wohnungslose erzählt, dass sie sich jeden Abend vor dem Schlafengehen absichtlich einnässen würde, weil sie das vor Übergriffen in der Nacht schützt. Ich kann mir kaum etwas vorstellen, was noch entwürdigender ist.

Endlich kommt die Dame mit dem Schlafsack zurück, und ich kann ins Büro. Der halbe Tag ist schon rum. Nach Feierabend gehe ich zu Marc, im Gepäck den neuen Schlafsack. Während wir zusammen vor seiner Bank stehen, kommt ein gepflegter, offensichtlich gut situierter Mann Mitte dreißig aus dem gegenüberliegenden Friseursalon. Er steuert direkt auf uns zu und fragt:

»Bist du Marc?«

»Ja.«

»Ich habe gerade beim Friseur von dir gehört. Darf man dir ab und zu etwas vorbeibringen, oder möchtest du das nicht?«

»Doch, doch«, antwortet Marc.

Der Mann zieht einen Zwanzigeuroschein aus seiner Geldbörse. Erstaunlich schnell greift Marc danach und steckt ihn in seinen Parka. Einen winzigen Moment lang kann ich ein triumphierendes Blitzen in seinen Augen erkennen. Als wolle er mir sagen: Wir sind ein Team, zwei Verbündete, und heute haben wir einen guten Tag. Der Mann geht wieder. Ich stelle die Tüte ab und verabschiede mich.

An der nächsten Ecke wartet der spendable, frisch frisierte Mann.

»Sind Sie öfter hier bei ihm?«, fragt er mich.

»Ja, eigentlich jeden Tag.«

»Ah, dann sind Sie die Frau, von der mir beim Friseur erzählt wurde. Das ist so toll, dass Sie das machen!«

»Es hat sich so ergeben«, sage ich.

»Wirklich toll! Weitermachen!«, feuert er mich an.

Aber es gibt auch Menschen in der Nachbarschaft, die ganz anderer Meinung sind. Eine ältere Dame, die auf der Wiese regelmäßig ihren keuchenden Mops ausführt, erklärt mir:

»Wenn Sie ihn hier füttern, wird er nie verschwinden.«

Eine der Anwohnerinnen beschwert sich bei mir: »Er pinkelt ständig gegen die Hauswand hinten an der Ecke und kackt in die Büsche! Hier leben auch Kinder!«

Als würde ich Tauben füttern. Diese ausschließlich mit sich selbst beschäftigten Menschen ekeln mich an: eifrige Mütter, die meinen, sie müssten ihre Kinder vor dem Anblick des Elends schützen, ihnen aber bereits mit fünf Jahren ein Handy in die Hand drücken, damit kurz Ruhe herrscht, während sie den nächsten Wellnessurlaub buchen. Hundebesitzer, die kein Problem damit haben, die Kacke ihres Lieblings aufzusammeln, aber die Ausscheidungen eines offensichtlich schwer kranken Menschen als bedrohlich empfinden. Was für eine merkwürdige Welt.

Im Laufe der vergangenen Monate habe ich mit unzähligen Menschen über Marcs Situation gesprochen. Weil ich es einfach nicht akzeptieren will, dass niemand helfen kann. Ob Streetworker, Sozialpsychiatrischer Dienst oder die Polizei – keiner scheint wirklich zuständig zu sein. Wie bei meiner Mail an die Psychiatrie des Universitätsklinikums Hamburg-Eppendorf (UKE). Hier bekomme ich nur eine Standardantwort: Man sei nicht aufsuchend tätig, der Patient müsse zu ihnen kommen.

Seit ich Marc kenne, lese ich verstärkt Interviews und Artikel über Obdachlosigkeit und Psychosen. Außerdem über die Probleme im Umgang mit Medikamenten und das typische Phänomen, die eigene Krankheit nicht anerkennen zu wollen. Ich habe mich sogar in einem Psychose-Forum angemeldet, um die Erfahrungsberichte von Betroffenen und Angehörigen zu lesen. Die meisten Betroffenen scheinen ihre Krankheit nicht akzeptieren zu wollen. Viele fühlen sich verfolgt und halten Medikamente für eine Bedrohung. Wie es scheint, geht kaum ein Betroffener freiwillig in die Psychiatrie. Doch die sind immerhin miteinander vernetzt und liegen vermutlich auch nicht alleine auf einer Bank. Immerhin habe ich viel gelernt in den vergangenen Monaten.

Wie jeden Abend bringe ich Marc seine Tüte mit Essen. Er hat offenbar bis eben geschlafen und ist noch nicht ganz bei sich.

»Marc«, frage ich ihn, als ich seinen feuchten Schlafplatz sehe, »ist der Schlafsack wieder nass?«

»Keine Ahnung.«

Ich lasse eine trockene Decke da und nehme eine nasse mit. Auf dem Rückweg denke ich an Marcs Mutter. Warum hat sie mir eigentlich noch immer nicht geantwortet?

Am nächsten Morgen steht die Wiese erneut komplett unter Wasser. Immerhin kommt die Sonne gerade heraus. Marc liegt nass auf seiner Bank. Ich gebe ihm ein paar Brötchen, dazu Kaffee im Pappbecher.

»Würdest du es schaffen, für zwei Stunden den Parka auszuziehen? Ich würde ihn gerne waschen und trocknen.«

»Ja, okay.«

Er zieht die Jacke aus. Ich stopfe sie in einen Müllbeutel.

»Äh, aber nicht mitnehmen«, stammelt Marc.

»Doch, du schaffst das. Ich bin in zwei Stunden wieder da.«

»Okay.« Er wirkt völlig verwirrt.

Ich nehme die Tüte und gehe. Nach ein paar Metern schaue
ich mich noch einmal um und sehe Marc auf der Wiese stehen,
seine Hände vor dem Oberkörper. Mir wird klar, dass er sich
jetzt völlig schutzlos fühlt. Aber die Jacke braucht ganz dringend einen Waschgang.

Auf dem Weg zum Salon bin ich angespannt. Weil ich ahne,
dass ich gerade eine Grenze überschritten habe. Vor Ort erklärt mir eine ältere Rumänin, wie ich die Waschmaschine zum
Laufen bringe. Sie steht neben mir, als ich die Jacke aus dem
Müllsack in die Trommel stopfe. Der schlimme Geruch ist mir
peinlich.

Nach eineinhalb Stunden komme ich mit dem trockenen
Parka zurück zur Wiese. Marc sitzt auf der Bank und starrt teilnahmslos vor sich hin.

»Hey, das war total super, dass du das ausgehalten hast«,
sage ich und gebe ihm die Jacke zurück. »Wollen wir das mit
der, die du jetzt gerade anhast, auch gleich noch machen?«

Er sieht mich bitterböse an: »Nein, das machen wir natürlich
nicht.«

Es wird Zeit für mich zu gehen.

Diese Waschaktion war ein Fehler. Ich hätte diese Grenze nicht
überschreiten sollen. Wie konnte ich es wagen, ihm seine Jacke,
diesen für ihn offenbar so wichtigen Schutz, wegzunehmen?

Am Abend gehe ich noch mal rüber, um ihm eine Tüte zu bringen. Marc steht völlig regungslos und ohne seinen Parka auf
der Wiese. Langsam gehe ich zu ihm und frage:

»Wie geht es dir?«

Er dreht sich zu mir um und schaut mir direkt in die Augen. So einen Blick habe ich noch nie in meinem Leben gesehen. Blanker Hass. Es ist, als würde ich ihn in die Hölle schicken – ohne Parka. Panik steigt in mir auf. Mir wird ganz flau im Magen. Trotzdem frage ich ihn:

»Soll ich die Tüte auf die Bank stellen?«

Immer noch dieser fast schon wahnsinnige Blick. Mit einer kalten, geradezu bösen Stimme antwortet er:

»Mach doch, was du willst.«

Ich stelle die Tüte auf die Bank und gehe. Mir ist richtig schlecht.

Ich muss daran denken, was mir Marcs Bruder erzählt hat. Einmal habe Marc zu seiner Mutter gesagt:

»Weißt du, was ich mir wünsche? Einmal im Leben ganz unten anzukommen.«

Dieses »ganz unten« ist jetzt hier, in Hamburg, mitten im bunten Schanzenviertel, auf dieser matschigen Wiese. Ich verlängere die Situation nur, wenn ich ihn durchfüttere, ihn mit Zigaretten versorge oder ihm die Klamotten wasche. Soll ich ihm nicht einfach seinen Willen lassen? Selbst sein Bruder sagt, dass das alles keinen Sinn hat. Warum bilde gerade ich mir ein, daran etwas ändern zu können?

Als die Tür zu Hause ins Schloss fällt, bin ich unglaublich froh, diese Wand zwischen mir und dem Leben da draußen zu haben. Ich muss die Situation mit Frank besprechen. Er ist besorgt.

»Wenn du so etwas in Marc auslöst, solltest du das Ganze vielleicht beenden.«

Dann erinnert er an die Szene, als Marc einmal ausgerastet ist. Das war damals nach einem Streit um die Plane und den nassen Schlafsack gewesen. Frank war anschließend eine Runde mit dem Hund gegangen und hatte Marc dabei beobachtet,

wie er wild gestikulierend auf Englisch ein imaginäres Gegenüber angeschrien hatte.

Ich verstehe Franks Sorgen, er ist nicht der Einzige in meinem Umfeld, der etwas beunruhigt ist über meine einsamen
Rettungsversuche bei jemandem, der an einer Psychose bzw.
an Schizophrenie leidet. Aber ich meine, inzwischen ein feines
Gespür für Marcs Stimmungen entwickelt zu haben, und vielleicht ist das der Grund dafür, dass ich trotz seiner Sprach-
losigkeit weiter fest an ihn glaube. Ja, ich habe eine Grenze
überschritten, als ich ihm seinen schützenden Parka weggenom-
men habe. Dass er deshalb wütend auf mich war, ist verständlich. Ich werde die nächsten Tage etwas vorsichtig sein. Aber ihn
wieder allein lassen, nein, das kann ich nicht.

Am nächsten Morgen gehe ich einfach an der Bank vorbei. Ein
Blick aus den Augenwinkeln, vermutlich hat er mich gesehen.
Ob er sich wohl wundert? Ob er sich an gestern erinnert? Ver-
steht er eigentlich irgendwas?

Später an diesem warmen Tag Ende Juli habe ich einen Termin bei Udo Lindenberg im Hotel Atlantic. Ich klopfe an die
Tür zu seiner Suite, gut gelaunt öffnet er mir. Auf dem Sofa sitzt
bereits Rita, die A-&-R-Frau seiner Plattenfirma, vor ihr stehen
zwei große Aperol-Spritz mit Eis. Sie schiebt mir eines der beiden Getränke über den Tisch:

»Hier, Katja, für dich.«

Udo, stets aufmerksam, nuschelt: »Ah, Katja, willst du auch
ein Getränk? Warte, ich bestelle gleich noch zwei.«

Auf meinen fragenden Blick hin erklärt er: »Ich bestelle immer
zwei, dann muss der Page nicht so oft laufen.«

Im Laufe des Nachmittags werden verschiedene Dinge besprochen. Zwischendurch schaut Udos Anwalt vorbei, versucht
sein Tourmanager, die Fernbedienung des Fernsehers zu verstehen, holt Udos Schwester irgendwas ab, während wir dabei

zusehen dürfen, wie der Meister selbst vom Arzt durchgecheckt wird, wobei er uns Songs einer jungen Künstlerin vorspielt, die er ganz interessant findet. Der ganz normale Udo-Wahnsinn. Durch die raumhohen Fenster kann ich auf die Alster schauen. Es beginnt zu regnen. Und während Udo gerade zu einem kleinen Tänzchen ansetzt, denke ich: Mist, jetzt wird Marc schon wieder nass.

Auf dem Nachhauseweg schaue ich bei ihm vorbei. Marc liegt in lässiger Haltung auf der Bank und schaut mich an. Mit zwei Meter Sicherheitsabstand bleibe ich vor ihm stehen und frage vorsichtig:

»Wie gehts?«

»Hast du mir was mitgebracht?«

»Ne, aber ich kann dir was holen.«

»Ah, super, danke!«

Ich verabschiede mich und gehe zum Lidl um die Ecke. Wir sind wieder ein Team, und ich bin irgendwie sehr froh darüber.

Beim nächsten Wiedersehen sitzt Marc in seiner gewohnten Haltung auf der Bank. Seine Arme hängen seitlich nach unten, ohne jegliche Spannung. Der Oberkörper ist leicht nach hinten gebeugt. Möglicherweise sorgen ja die drei Jacken und zwei Hosen, die er weiterhin übereinanderträgt, für diese absurde Haltung. Ich komme näher und sehe zu seinen Füßen eine Papiertüte stehen. Kein billiges Plastikteil, sondern ein stabiles Ding mit einem silbernen Markenlogo drauf und eleganten Kordelgriffen. Als er mich sieht, versucht er, unauffällig die Luxustüte mit dem Fuß unter die Bank zu schieben. Aber da stehe ich schon vor ihm.

»Na, hast du heute schon etwas bekommen?«

»Ja, ja, ein bisschen.«

Ich erhasche einen Blick in die Tüte und sehe ein Päckchen Zigaretten und Schokolade. Trotzdem gebe ich ihm seine beiden Frühstücksbrötchen und halte ihm meine angebrochene Zigarettenpackung hin.

»Zigaretten musst du mir heute nicht geben«, sagt er, »ich habe noch welche.«

Gut gelaunt gehe ich weiter. Die Tüte stammt sicher von dem begeisterten Friseurkunden. Und ich mag es, dass Marc ehrlich ist und heute auf weitere Zigaretten von mir verzichtet.

Einige Tage später kann ich auf dem Weg zur Hundewiese schon von Weitem eine aufgeregte Gruppe weiblicher Hundehalterinnen erkennen, die, mit einigem Abstand, zur Bank hinüberschauen. Was ist denn jetzt wieder los? Als ich näher komme, verstehe ich den Grund für die Aufregung. In der Schanze ist man ja eine Menge gewohnt, aber was sich hier abspielt, ist sogar für diese Gegend ungewöhnlich: Direkt vor Marc wälzt sich eine dicke blonde Frau mit gewaltigen Brüsten auf dem Rasen. Sie ist bekleidet mit einer Jogginghose und einem ausgewaschenen T-Shirt. Ich setze mich neben ihn auf die Bank und versuche, die Situation zu verstehen.

»Was ist denn hier los?«

»Keine Ahnung.«

»Die Frau ist anscheinend völlig verrückt«, sage ich zu einem psychotischen Obdachlosen, der seit Monaten im Regen sitzt.

Wie gerne würde ich diese Aussage umgehend wieder zurücknehmen.

Was will diese Frau? Ist das eine Art Balzritual? Die Hundefrauen stehen immer noch in sicherer Entfernung auf der Wiese.

Plötzlich erhebt sich Marc wortlos und geht an der sich immer noch am Boden kugelnden Frau vorbei über den Rasen. Ich folge ihm. Auf der gegenüberliegenden Seite der Wiese steht eine weitere Bank. Hier setzt sich Marc wieder hin. Ich tue es ihm gleich. Der Frau auf der Wiese scheint ihr Publikum zu fehlen. Sie sitzt nun im Gras und schaut zu uns hinüber. Dann erhebt sie sich und nimmt auf Marcs Bank Platz.

»Hör zu«, sage ich zu Marc, »das hast du genau richtig gemacht. Lass dich nicht provozieren. Ich muss jetzt zur Arbeit, wenn die Frau dich nervt, geh einfach weg.«

»Ja, okay. Danke, ciao.«

# 3. Sie sehen wunderschön aus
August 2017

Ende Juli starten wir in unseren Sommerurlaub. Drei Wochen Italien mit Frank und Paulina, drei Wochen Strand, Sonne und leckeres italienisches Essen. Eigentlich hatte ich mich darauf gefreut. Und jetzt erwische ich mich mehrfach bei dem Gedanken, dass ich Marc nicht alleine lassen kann. Ich überlege schon, ob ich eine Art Urlaubsvertretung suchen soll, doch dann verwerfe ich diese merkwürdige Idee wieder und fange an zu packen.

Am Abend vor der Abfahrt bringe ich Marc noch eine extragroße Tüte, gebe ihm zwei Schachteln Zigaretten und drei Zwanzigeuroscheine und erkläre ihm, dass ich wegfahre und drei Wochen nicht da sein werde. Er ist immer noch angeschlagen von den nicht enden wollenden Regenwochen und starrt düster vor sich hin.

»Pass auf dich auf«, sage ich, »in drei Wochen bin ich wieder da!«

Einen Moment lang sieht er verzweifelt aus. Mit einem mulmigen Gefühl verlasse ich ihn und die Wiese und gehe nach Hause.

Am nächsten Morgen befinden wir uns auf der Autobahn, ich sitze auf dem Beifahrersitz und versuche, mich gut zu fühlen. Nach einem Zwischenstopp in der Schweiz geht es weiter Richtung Italien. Mein Handy brummt. Eine neue Facebook-Nachricht. Sie ist von Marcs Mutter Maria. Seit Wochen warte ich auf ein Lebenszeichen von ihr. Und ausgerechnet jetzt meldet sie sich. Auf Englisch schreibt sie:

Liebe Katja,

ich habe gerade erst deine Nachricht gesehen, und ich
schreibe dir gleich zurück. Ich freue mich sehr, von Marc
zu hören und mache mir große Sorgen um ihn. Wie jede
Mutter liebe ich meine Kinder mehr als mein eigenes Leben.
Ich werde versuchen, so bald wie möglich nach Deutschland zu reisen, aber ich kann noch nicht sagen, wann es
mir möglich sein wird.
Ich habe Marcs Bruder gebeten, ihn nach Deutschland zu
bringen, denn das war das, was er immer gewollt hatte.
Wenn es irgendetwas gibt, was wir tun können, kontaktiere
doch bitte Marcs Vater.

Am Ende der Nachricht finde ich die Mobilnummer von
Marcs Vater in Deutschland. Erst jetzt sehe ich, dass sie mich
gestern Nacht offenbar zweimal versucht hat anzurufen. Sie
schickt noch eine Nachricht, dankt mir für meine bishe-
rige Hilfe und schreibt, dass sie mich gerne kennenlernen
möchte. Und fragt, ob wir miteinander telefonieren könnten. Ich antworte, dass wir voraussichtlich gegen neun Uhr
abends im Ferienhaus ankommen werden und ich um zehn
Uhr Ortszeit telefonieren kann. In Kalifornien ist es dann
dreizehn Uhr. Jetzt habe ich ein Telefon-Date mit Marcs Mutter.

Den Rest der Fahrt überlege ich, welche Fragen ich ihr stellen möchte. Ich würde gerne mehr erfahren über Marcs Leben,
über seine Erkrankung, seine Persönlichkeit. Gibt es Dinge, mit
denen man ihn aus der Reserve locken kann? Gab es einen
Therapeuten, dem er vertraut hat? Gibt es irgendjemanden,
der Einfluss auf ihn hat und somit Abhilfe in dieser Situation
schaffen könnte? Und ich frage mich, welche Details ich ihr erzählen soll. Kann ich ihr zumuten, dass ich Marcs völlig ver-
wahrlosten Zustand beschreibe?

Die Autofahrt ist zäh, es ist heiß, und nach zehn Stunden kommen wir endlich an. Alle stürmen ins Ferienhaus. Einer hat Hunger, einer sucht die Fernbedienung, der Hund schnüffelt die Räume ab. Und ich mit dem Handy in der Hand allen hinterher. Eine halbe Stunde später verabschiede ich mich: »Ich muss mal raus hier, telefonieren.«

Dann stehe ich vor dem Haus in einer engen Gasse dieses italienischen Bergdorfes und rufe diese mir völlig unbekannte Frau in Kalifornien an. Sie hat auf einen Messenger-Call bestanden, unsere folgenden fünf Verbindungen werden immer wieder unterbrochen. Kein Wunder mit nur zwei Empfangsbalken.

»Hello.«

»Hi.«

Mir gefällt ihre Stimme. Aber jetzt beginnt sie, sich sehr ausführlich bei mir zu bedanken, und das möchte ich nicht. Bisher habe ich nichts bewegt, sondern lediglich etwas Essen ausgeteilt. Ich sage:

»Die Hauptsache ist, dass Marc den Winter auf dieser Wiese überlebt.«

Maria erzählt mir, dass sie an das Bundesgesundheitsministerium geschrieben hat, weil sie hofft, dort Hilfe zu bekommen. Ich erkläre ihr die Rechtslage in Deutschland und muss ihr damit automatisch etwas Hoffnung nehmen.

»Sind Sie eine Streetworkerin?«, fragt sie mich.

»Nein, wir haben uns einfach nur kennengelernt.«

»Marc war so kreativ«, sagt Maria. »Er hat gezeichnet und Musik gemacht. Er ist hochintelligent. Aber irgendwann fing er an, sich zu verändern.«

Wieder bricht die Verbindung ab. Maria schickt mir eine Nachricht:

»Ich brauche eine Pause. Wollen wir morgen weitertelefonieren?«

Gute Idee. Ich bin ebenfalls sehr mitgenommen nach diesem Gespräch. Um mich abzulenken, mache ich Urlaubssachen: unerwünschte Deko in den Schränken verschwinden lassen, Kerzen anzünden, auf der Terrasse sitzen, runterkommen. Ich gehe in die Küche und hole mir ein Bier. Surrende Hornissen drehen ihre Runden. Ich zähle fünf Stück. Ich lasse sie erst mal in der Küche und frage bei Google nach: Hornissen sind gutmütig und nicht giftiger als Wespen. Meine Tochter bekommt allerdings schon bei einem Moskitostich in den Knöchel einen Klumpfuß. Und auf der Terrasse werden es immer mehr. Sie haben ihr Nest in einem Hohlraum in einer Steinwand.

Der ganze Urlaub entpuppt sich als großer Mist. Während es in Deutschland permanent regnet, leidet Südeuropa unter einer Hitzewelle. Die Temperaturen bewegen sich konstant um die vierzig Grad, die Klimaanlage unseres Hauses ist defekt, und ich entwickele eine Allergie gegen ansässige Stechmücken. Mein Körper ist übersät mit eitrigen Blasen. Paulina zieht samt Matratze in den Waschkeller, dem einzigen Raum des Hauses mit halbwegs erträglichen Temperaturen. Sommerurlaub neben Putzeimern und der Waschmaschine, nicht schön. Vor vier Uhr nachmittags ist hier nicht an einen Ausflug zu denken. Der einzige Hundestrand vor Ort ist steinig und beengt, Urlaubsgefühle wollen einfach nicht aufkommen. Frustriert beschließen wir, fünf Tage früher als geplant zurückzufahren.

Mein erster Besuch bei Marc ist unspektakulär. Er nimmt lediglich regungslos zur Kenntnis, dass ich wieder da bin, und fragt ohne Umschweife nach Geld. Er will sich selbst was holen. Seine Schlafsachen sind bis auf eine Isomatte offenbar nicht mehr vorhanden. Eigentlich bin ich ganz froh, dass er anscheinend alleine zurechtgekommen ist, das nimmt mir etwas Druck.

Auf dem Weg nach Hause treffe ich Pitje. Er wohnt nicht mehr bei der alten Dame, es gab wohl Schwierigkeiten mit einem Nachbarn, außerdem kann er bei geschlossenen Fenstern nicht schlafen, und die Dame bestand auf geschlossenen Fenstern. Unerträglich für Pitje. Er überrascht mich mit einer Warnung:

»Marc macht einen auf Mitleid, guck doch mal, dieser Hundeblick! Der bunkert seine Schlafsachen in den Büschen. Der Typ nutzt dich nur aus!«

Vermutlich ist er einfach eifersüchtig. Und jetzt tut er mir leid. Marc bekommt sehr viel Aufmerksamkeit von mir, wahrscheinlich wäre Pitje für eine ähnliche Fürsorge sehr dankbar.

»Komm, leg deine Einkaufstüten hier rein«, sagt er und zeigt großzügig auf seinen Einkaufswagen.

Ich stelle meine beiden Taschen zu den zahlreichen Pfandflaschen und laufe neben ihm und dem auf dem Kopfsteinpflaster scheppernden Wagen her.

Vor unserer Wohnung angekommen, bitte ich ihn, kurz zu warten, und hole zwei Tüten voller Pfandflaschen aus der Küche. Pitje ist hocherfreut und will gar nicht mehr aufhören, sich zu bedanken. Irgendwann bin ich nur noch froh, als er sich endlich verabschiedet.

Später tauche ich wie immer mit Verpflegung auf der Wiese auf. Aber Marc ist nirgendwo zu sehen. Ich habe keine Lust, über die Schanzenstraße zu laufen und ihn zu suchen, und so stehe ich unschlüssig vor seiner Bank in der Sommerabendwärme.

Einer der anderen Pfandflaschensammler, die hier ihr Einsatzgebiet haben, kommt auf mich zu. Inzwischen kennt mich hier jeder, der mit der Straße zu tun hat.

»Hey«, frage ich ihn, »hast du den Typen mit dem Parka irgendwo gesehen?«

»Noi, warum?«, schwäbelt er. »Willsch ihm was bringe?«

Er heißt Harald, ist vierundsechzig, stammt aus Ludwigsburg und ist gelernter Schreiner. Harald hat strahlende Augen, ist braun gebrannt und trägt eine Bernsteinkette um den Hals. Eigentlich eher Typ Gomera-Aussteiger. Was hat ihn als Flaschensammler in die Schanze verschlagen? Er läuft mit seinem Wägelchen neben mir her und hört nicht auf zu reden.

Vor einem Glascontainer bleiben wir stehen. Ich erfahre, dass seine Frau Depressionen hatte und es vor acht Jahren zur Trennung kam. Danach verjubelte er alles, zu viel Alkohol, irgendwann musste das Haus weg. Und damit auch sein altes Leben. Harald bezeichnet sich selbst als Vagabund, seine Kinder seien damit allerdings nicht einverstanden. Er redet und redet und will nicht aufhören. Plötzlich taucht hinter dem Container Pitje auf. Er fragt, wie es mir denn so gehe, meiner Tochter, meinem Hund. Zum Abschied ruft er:

»Ihr wunderbaren Menschen, ich komme mal wieder vorbei, ihr seid so lieb.«

Aha, Pitje steckt sein Revier ab. Auf keinen Fall soll ich nun dem Konkurrenten meine Pfandflaschen geben, wenn ich ihn schon nicht so sehr umsorge wie Marc.


Eines Tages komme ich gerade von meinem täglichen Tütengang und begegne einer jungen Punkerin mit ihrem Hund. Wir kennen uns vom Sehen, sie wohnt um die Ecke.

»Hey«, sagt sie, »du kümmerst dich um den Mann da auf der Bank, oder?«

»Ja, er braucht Hilfe«, antworte ich. »Er ist psychotisch.«

»Meinst du, er hat zu viele Drogen genommen?«

»Nein«, sage ich, »seit er siebzehn ist, kennt er solche Phasen, er leidet an Schizophrenie.«

Pause. Der jungen Frau mit wasserstoffblonden Dreadlocks und dem St.-Pauli-Hoodie stehen Tränen in den Augen.

»Ich hätte mich nie getraut, den Typen anzusprechen, obwohl er mir immer so leidtat. Er schaut so stumpf vor sich hin. Er ist halt auch so groß, ich hatte Angst vor ihm.«

»Verständlich, aber er ist wirklich absolut harmlos.«

»Mein Bruder hat auch Schizophrenie.« Jetzt muss sie weinen.

Augenblicklich spüre ich eine riesige Welle an Mitgefühl in mir aufsteigen, aber ich will nicht schon wieder Opfer meiner eigenen Empathie werden. Trotzdem nehme ich sie kurz in den Arm und lasse sie erzählen: Der Bruder lebt alleine, bekommt aber nichts auf die Reihe, die Wohnung ist völlig verdreckt, und er ist unfähig, einer Beschäftigung nachzugehen. Er fühlt sich verfolgt, aber er holt sich keine Hilfe, weigert sich, Medikamente zu nehmen. Die Mutter kümmert sich, aber ist inzwischen depressiv, weil sie die Situation nicht aushält. Die Erkrankung des Bruders hat die gesamte Familie zerstört.

Noch immer unter Tränen, sagt sie:

»Ich habe mich distanziert, ich kann dieses Elend nicht aushalten. Ich bewundere dich, dass du das hier machst.«

Nein, ich heule jetzt nicht. Ich will nicht.

Auf dem Weg nach Hause muss ich über die junge Frau und die Situation von Angehörigen nachdenken, die so etwas mitmachen. Da fällt mir ein, was ich neulich auf der Homepage von »Die Brücke« gelesen habe, einem Verein zur Förderung psychisch Behinderter in Lübeck und Umgebung. Den Erfahrungsbericht einer Mutter, deren Sohn psychisch erkrankte. Als ich am Rechner sitze, lese ich den Text noch einmal:

Mein Sohn ist vor drei Jahren an einer Psychose erkrankt. Seitdem steht unser Leben auf dem Kopf. Stark beeindruckt hat mich ein Artikel des Rundbriefes der »Deutschen Gesellschaft für Soziale Psychiatrie«. Hier wird dergestalt auf die Rolle und die Gefühle der Angehörigen eingegangen, ohne dabei den psychisch Erkrankten zu bewerten, dass ich mich sehr angenommen und verstanden fühle.

»Eine intensiv gestörte Kommunikation, lebenslang.« Diese Worte hallen in mir nach. Im Schlusssatz heißt es: »Denn viele Angehörige leisten etwas sehr Ungewöhnliches. Sie lernen, sich mit dem nie Erwarteten auseinanderzusetzen.«

Das trifft auf unsere Familie zu. Wir fühlen uns stigmatisiert, bewegen uns auf einem Feld umgeben von Unsicherheit, manchmal Ablehnung und Angst. Die haben wir auch. Angst um diese verlorene Seele, die an einer Psychose erkrankt ist mit siebzehn Jahren und seit nunmehr drei Jahren nicht mehr wirklich ins Leben zurückzufinden scheint. WARUM? – das ganze Haus ist gepflastert mit dieser einen Frage.

Wie lebt es sich mit dieser Erkrankung, wie wirkt sie sich auf das gesamte Familiensystem aus, und wo genau finden Angehörige Hilfestellungen, die sich auch so anfühlen? Auf meiner letzten beruflichen Fortbildung wurde mir der Begriff »psychisch gestörter Mensch« angetragen, der wäre jetzt gebräuchlich. Ich frage mich, was mein psychisch gestörter Sohn dazu sagen würde. Gefragt habe ich ihn noch nicht. Ich finde den Begriff vorrangig abwertend. Genauso abwertend wie das Wort schizophren als Begrifflichkeit im Alltäglichen. »Schizophrenie« hat etwas Angstmachendes.

Ich kann dies heute schreiben, weil die Geschichte gerade dabei ist, eine positive Wendung zu nehmen. In der Angehörigengruppe der »BRÜCKE« habe ich gelernt, dass jeder Mensch seinen eigenen Weg gehen und finden muss. Dies trifft auch auf einen psychisch erkrankten Menschen zu. In der Theorie dachte ich: Das ist doch selbstverständlich. In der Praxis sieht das anders aus. Da ist es kaum auszuhalten, den geliebten Menschen sozusagen »bei lebendigem Leibe seelisch verkommen oder verkümmern zu sehen«. Der Antrieb für alles scheint zu schwinden. Und vor allem: keinerlei Einsichtsfähigkeit in die eigene Lage.

Sollen Angehörige es akzeptieren lernen, wenn ihr Kind/Partner nicht nur die eigene Körperpflege vergisst, sondern alle menschlichen Regungen (Kontakte, Aktivitäten, Kommunikation) nicht mehr zu beherrschen scheint und in tiefster Einöde das Zimmer kaum noch verlässt?*

Maria, Marcs Mutter, leitet mir ein Schreiben vom Bundesministerium für Gesundheit weiter. Sie ist der Meinung, dass der unterzeichnende Beamte der Leiter der Institution sei, und setzt großes Vertrauen in dieses Schriftstück. Nach dem Durchlesen muss ich ihr leider antworten, dass ein Referent der Behörde ihr eine Standard-Mail geschickt hat, mit Notrufnummern sowie dem Kontakt zur Polizei: 110. Maria kann einfach nicht begreifen, dass ein psychotischer Obdachloser in Deutschland nicht eingewiesen werden kann, wenn er das nicht möchte.

Diese gesetzliche Regelung ist ja eigentlich zum Schutz des eigenen Willens gedacht, und natürlich wäre es grausam, wenn Menschen, nur weil sie »anders« sind und nicht ins perfekte Bild der Gesellschaft passen, einfach abgeschoben werden könnten. Allerdings sehe ich da gerade bei psychotischen Obdachlosen inzwischen eine Grauzone: Viele sind nicht in der Lage, sich ausreichend um sich selbst zu kümmern. Das ist meist auch der Auslöser, weshalb sie überhaupt auf der Straße landen. Typisch für Schizophrenie ist allerdings die fehlende Krankheitseinsicht. Die meisten Betroffenen fühlen sich verfolgt und sind auf der Flucht, sie würden niemals freiwillig eine Psychiatrie aufsuchen.

* https://www.diebruecke-luebeck.de/selbststaendig-und-mit-ueberzeugung/

Vierter Spieltag in der Zweiten Bundesliga. Den ganzen Sommer über hat es nur geregnet, heute, da der FC St. Pauli Heidenheim empfängt, ist ausnahmsweise mal ein richtig schöner sonniger Tag. Das zähe Spiel will nicht zum Wetter passen, aber in der Nachspielzeit schießt Johannes Flum das einzige Tor des Tages, und jetzt tobt das gesamte Millerntor. Bierdusche, alles nass – egal, es ist warm, fremde Menschen fallen mir um den Hals. Mit einigen Freunden ziehe ich weiter, etwas essen, noch zwei Bier, ein schöner, ausgelassener Sommertag.

In dieser Stimmung komme ich an Marc vorbei.

»Wie geht es dir?«, fragt er mich.

»Super! Wir waren gerade im Stadion. Brauchst du was?«

»Ja. Ich habe so großen Durst.« Sein Gesicht ist schweißnass.

»Du bist ja auch sehr dick angezogen«, sage ich. »Warte, ich hole dir was, bin gleich wieder da.«

Als ich beim Lidl bezahlen will, fragt mich der Kassierer, ob er mir etwas sagen dürfe.

»Klar.«

»Sie sehen wunderschön aus.«

Was für ein Tag. Erst dieser späte Siegestaumel, und jetzt macht mir der Endzwanziger an der Kasse auch noch ein Kompliment. Trotz Bierdusche. In bester Laune kehre ich zu Marc zurück.

»Danke«, sagt er. »Bist du beschäftigt?«

»Nein«, antworte ich.

Weil mehr nicht kommt, verabschiede ich mich und gehe weiter. Aber die Frage geht mir nicht aus dem Kopf. Irgendwie sah er schlecht aus, irgendwas war doch, denke ich und entscheide mich, später noch einmal nach ihm zu sehen. Als ich wieder bei ihm bin, sage ich:

»Marc, was ist los? Ich hatte vorhin das Gefühl, dass es dir nicht gut geht.«

»Nein, alles super.« Pause. »Ist hier noch irgendwo was?«

»Was meinst du?«

»Ob hier noch irgendwas ist.«

Was meint er nur? Will er auf ein Konzert? Ins Stadion? Party machen? Ich schaue ihn verständnislos an.

»Na ja, ist auch egal«, sagt er. »Hast du noch eine Zigarette?«

Ich gebe ihm meine angebrochene Packung und setze mich.

»Ah, willst du vielleicht auch eine?«, fragt er mich und hält mir die Packung hin.

»Danke«, sage ich. Wir rauchen schweigend.

»Marc, wenn du hier weitermachst, stirbst du auf dieser Wiese. Spätestens im Winter. Ich weiß nicht, ob du wirklich sterben willst.«

Ein fast unmerkliches Kopfschütteln. Immerhin bricht er noch nicht ab.

»Ich würde dir gerne wirklich helfen und dir nicht nur Essen bringen. Ich will nicht, dass du auf dieser Wiese stirbst.«

»Okay, danke, ciao.«

Zeit für mich zu gehen.

# 4. Das dritte Auge isst mit

September bis Oktober 2017

Anfang September spreche ich das erste Mal mit Marcs Vater, dem pensionierten Fleischereiexperten aus Osnabrück. Seine Ex-Frau hat ihm unsere Facebook-Konversation zugemailt, er ist also schon etwas im Thema.

Er erzählt mir, was er alles schon mit Marc durchgemacht hat: Einweisungen, Termine bei Psychiatern, die Schwarzfahrten quer durch Deutschland. Ich erfahre, dass sein Sohn eine Zeit lang in einer WG lebte und Arbeitslosengeld bezog, dann aber doch nur zum wiederholten Mal abhaute und sich aus Berlin, Amsterdam, Essen oder Osnabrück meldete, wenn er Geld brauchte.

»Einmal habe ich ihm Schuhe geschenkt, die waren so gut wie neu. Aber Marc hat die einfach weggeworfen, er fand sie nicht so schön.«

»Dieser Trip ist jetzt zu Ende«, erkläre ich dem Vater. »Es gibt für Marc nur noch diese Wiese. Und wenn sich nicht etwas ändert, wird er im Winter auf dieser Wiese sterben.«

Die bislang unerschütterlich klingende männliche Stimme am anderen Ende der Leitung wird weicher.

»Ja, natürlich. Das ist furchtbar.«

Im Oktober will er nach Hamburg kommen, vorher muss er noch nach Namibia. Sehr eilig scheint er es nicht zu haben, seinen Sohn nach drei Jahren wiederzusehen.

Einige Tage später stellt mir Marc schon wieder diese Frage.

»Ist hier noch irgendwo was?«

Ich verstehe leider noch immer nicht, was er von mir will:
»Was genau meinst du?«

»Na, so ein *riot* …«

Ah, er meint G-20!

»Nein«, sage ich, »das ist erst mal vorbei.« Er sieht plötzlich sehr erleichtert aus.

Ich tausche mich inzwischen regelmäßig mit Marcs Mutter aus. Ich habe viele Fragen, und sie versucht, diese, so gut es geht, zu beantworten.

Maria, was empfindet Marc in seinen psychotischen Phasen?

»Marc ist davon überzeugt, dass er das ›dritte Auge‹ besitzt. Ich habe ihn sogar mit einem befreundeten Prediger in Indonesien zusammengebracht, und der hat mir danach gesagt, dass er nicht ausschließen könne, dass Marc tatsächlich diese Fähigkeit hat.«

Ich weiß, dass Marcs Mutter sehr religiös ist und Spiritualität in Indonesien sehr verbreitet ist. Wirklich erstaunt bin ich über diese Aussage also nicht. Trotzdem: das dritte Auge, der Weg der Erkenntnis und sich dann nicht mal von der Bank wegtrauen …

Ausnahmsweise ist heute mal gutes Wetter in Hamburg. Eine Seltenheit im September. Ich habe gute Laune und beschließe, Marc eine richtige Superwohlfühltüte zusammenzustellen. Ich schneide Erdbeeren in eine Plastikschale und sprühe Sahne darüber. Meine Kollegin Antje beobachtet mich aufmerksam.

»Das sieht aber lecker aus!«

»Das dritte Auge isst mit«, antworte ich. Wir müssen beide lachen.

Meinen Feierabend verbringe ich damit, ein Interview in der *Berliner Morgenpost* zum Thema Psychose und Obdachlosigkeit von einer Professorin namens Dorothea von Haebler zu lesen. Darin erklärt sie, dass unter Obdachlosen fünfzehnmal mehr Menschen an Schizophrenie erkrankt sind als sonst in der Bevölkerung. Als Grund nennt sie die Isolation, die die Erkrankung mit sich bringt. Und sie beschreibt die Problematik, dass unser Gesundheitssystem oft gerade schwer Erkrankte nicht erreicht, weil es darauf basiert, dass der Patient von sich aus Hilfe holt und sich behandeln lässt. Sie fordert mehr aufsuchende Hilfen auch für obdachlose Psychose-Erkrankte und Mitarbeiter, die speziell geschult sind. Im medizinischen wie im sozialen Bereich.

Ich bin beeindruckt von ihrer klaren Sicht der Dinge. Frau von Haebler beschreibt genau die Situation, in der Marc sich befindet. Im Internet finde ich ihren Kontakt. Sie arbeitet an der Charité in Berlin. In meiner aktuellen Situation bin ich froh über jede Hilfe, über jeden Experten, der mir vielleicht irgendwie weiterhelfen kann. Also schreibe ich der Ärztin eine E-Mail:

Am 07.09.2017 um 20:21 schrieb
katja.huebner@kommune-art.de:

Sehr geehrte Frau Dr. von Haebler,
ich habe Ihren Kontakt im Internet gefunden und fand Ihr Interview zum Thema Psychose und Obdachlosigkeit interessant. Deshalb hier kurz mein »Problem«:
Durch Zufall lernte ich einen jungen Obdachlosen in Hamburg kennen. Er ist achtundzwanzig Jahre alt, »wohnt« auf einer Hundewiese bei mir um die Ecke und leidet unter einer Psychose. Er ist seit Monaten ungeduscht, stinkt erbärmlich, ist nicht in der Lage oder willens, sich bei Regen unterzustellen oder auf seine Schlafsachen zu achten.
Ich bringe ihm seit circa vier Monaten täglich etwas zu essen, da er sich sonst aus Mülltonnen ernährt, und hoffe,

die wenigen Minuten Ansprache am Tag können evtl. irgendetwas bringen. Ansonsten schaue ich, dass er zumindest eine Decke für die Nacht hat, jede weitere Hilfe lehnt er ab.

Ich habe inzwischen Kontakt zur Familie, die Geschichte ist weitreichend, viele Verletzungen, Schuldzuweisungen, Resignation. Es gab wohl bereits einen Klinikaufenthalt in Indonesien, danach nahm er seine Medikamente nicht mehr.

Natürlich habe ich bereits mit allen Institutionen, Behörden, Streetworkern gesprochen: Der Fall ist so weit bekannt, aber es gibt keine Möglichkeit einzugreifen, solange er sich weigert, Hilfe anzunehmen.

Aber er befindet sich ja nun in der Psychose und ist meiner Ansicht nach deshalb NICHT zurechnungsfähig. Haben Sie eine Idee für diese Situation? Ich hoffe, Sie mit dieser E-Mail nicht belästigt zu haben, und bin einfach im Hinblick auf die kommenden Wintermonate etwas ratlos.

Vielen Dank & freundliche Grüße
Katja Hübner

Mit einer Antwort rechne ich nicht, doch schon eine Stunde später schreibt sie mir zurück:

Am 07.09.2017 um 22:54 schrieb von Haebler, Dorothea <dorothea.vonhaebler@charite.de>:

Ihre Mail hat mich sehr gefreut. Es ist so gut zu lesen, dass Menschen sehen und handeln wie Sie. Das ist leider so ungewöhnlich, dabei doch so menschlich.

Aber natürlich ist das auch ein großer Aufwand für Sie, und vielleicht gibt es ja doch eine Lösung. Mir ist sofort mein äußerst geschätzter Kollege Thomas Bock in Hamburg eingefallen – ich habe ihm geschrieben, und dies ist seine Antwort:

»Die Frau kann den SPD (Sozialpsychiatrischen Dienst) anrufen. Theoretisch auch die Ambulanz der Klinik, in deren Sektor er campiert. Mit etwas mehr Zeit würde ich auch ein gemeinsames Treffen mit ihr und ihm versuchen. So viel bürgerschaftliches Engagement ist beeindruckend. Doch das wird nichts vor Oktober.«

Thomas Bock ist bis Oktober unterwegs – auf Kongressen und im Urlaub. Danach würde er das aber ganz sicher machen. Sie könnten ihn anschreiben, er ist noch bis Mitte September in Deutschland. Haben Sie den Sozialpsychiatrischen Dienst angerufen? Die zuständige Klinik? Hier ist die Frage, ob die auch aufsuchende Hilfe anbieten. Das UKE (Thomas Bock) macht das.

Alles Gute, und es würde mich freuen, von den nächsten Schritten zu erfahren, egal, wie diese aussehen.

Herzlich

Dorothea von Haebler

Für einen Moment bin ich sprachlos. Professor Thomas Bock, Leiter der Psychose-Ambulanz am UKE, Verfasser unzähliger Veröffentlichungen und gefragter Redner auf internationalen Psychiatriekongressen, bietet mir seine Hilfe an. Noch vor Kurzem bekam ich die Standardantwort des UKE, in der stand, dass man nicht aufsuchend tätig sei. Ich kann es noch gar nicht richtig glauben.

Marc ist inzwischen fester Bestandteil meines Lebens und auch für meine Mitmenschen nicht mehr wegzudenken.

»Wie geht es Marc?«, fragt mich mein Freund beim Abendessen.

»Was macht Marc?«, fragt mich meine Mutter bei unseren Telefonaten.

»Gibts was Neues von Marc?«, fragen mich die Kollegen im Büro.

Die Anteilnahme meiner Leute rührt mich und gibt mir Kraft. Aber der Herbst ist jetzt da, und die letzten halbwegs warmen Tage und Nächte werden seltener.

Seit ich Marc kenne, hat die Kälte noch keine so große Rolle gespielt, aber jetzt fallen die Temperaturen in Hamburg immer weiter. Ich fürchte mich vor dem, was in den nächsten Monaten passieren könnte. Was Marc passieren könnte.

Als ich meiner Freundin Sabine von meinen Sorgen berichte, fängt sie fast an zu heulen.

»Kann ich denn vielleicht einen Monat lang eine Patenschaft für Marc übernehmen, oder so?«, fragt sie mich.

»Nein, natürlich möchte ich kein Geld von dir«, sage ich. »Aber du könntest in deinem Freundeskreis fragen, ob jemand alte Decken, Schlafsäcke, Isomatten hat. Ich komme nicht nach, diese Sachen ständig nachzulegen.«

Keiner ihrer Freunde kann helfen, aber Sabine möchte unbedingt etwas tun.

»Na gut«, schlage ich vor, »versuch doch mal, bei eBay einen alten Schlafsack zu ersteigern, das hab ich neulich auch schon gemacht.«

Die arme Sabine hat vorher noch nie etwas bei eBay ersteigert, bietet bei vierzehn Schlafsäcken mit und ist am Ende bei allen Auktionen die Höchstbietende. Sie lässt mir die Schlafsäcke ins Büro liefern, gibt aber versehentlich meine alte Büroadresse an. Eines Tages bekomme ich die Nachricht, dass ein Paket für mich bei meinem Nachbarn »Hanseplatte« abgegeben wurde, einem Schallplattenladen.

Hanseplatte liegt zwei Straßen von meinem aktuellen Büro entfernt, entsprechend irritiert bin ich nach dieser Info. Ein Anruf bei Sabine klärt die Situation, also marschiere ich in den Plattenladen und versuche, diese wirre Geschichte aufzudröseln:

Weil ich einen Obdachlosen betreue, der nicht auf seine Sachen aufpassen kann oder will, hat meine Freundin eine Menge Schlafsäcke ersteigert, aber leider an meine alte Adresse schicken lassen. Es werden noch dreizehn weitere Schlafsäcke versendet und vermutlich alle bei Hanseplatte abgegeben.

Der junge Verkäufer zeigt Verständnis. Ich darf einen Zettel an mein altes Klingelschild kleben, und Hanseplatte wird mich anrufen, wenn neue Pakete kommen. In den nächsten Tagen laufe ich also mehrfach zwischen meinem alten und meinem neuen Büro hin und her und schleppe Kartons mit Schlafsäcken durchs Viertel. In dieser Geschichte läuft einfach immer alles schräg. Immerhin habe ich jetzt einen Berg Schlafsäcke im Büro und vorerst ein Problem weniger.

Marcs Vater hat sich bei mir gemeldet und geschrieben, dass er am nächsten Freitag nach Hamburg kommen könne. Na endlich.

Er ist pünktlich und hat mir zur Begrüßung eine Packung »Merci« mitgebracht. Ein großer, älterer Mann in einer Lederjacke, die aussieht, als sei sie in den Achtzigerjahren einmal ziemlich teuer gewesen. Wir setzen uns und fangen an zu reden. Ich versuche, ihm klarzumachen, dass er trotz all der Vorgeschichten seinen Sohn nicht einfach so aufgeben darf.

»Hätte Marc Krebs, würde man doch auch versuchen, ihn zu bekämpfen, nicht wahr? Da würde man ihn doch auch nicht im Stich lassen, solange es noch die kleinste Hoffnung gibt.«

»Ja, das stimmt«, sagt Marcs Vater.

Überzeugend klingt das nicht. Er hat Kleidung für seinen Sohn mitgebracht, darunter eine dicke Winterjacke. Ich bezweifle, dass Marc dafür eine seiner drei Jacken opfern wird.

»Vermutlich hat er demnächst vier Jacken übereinander an.«

»Das wäre natürlich verrückt«, sagt der Vater.

Wie verabredet, führe ich ihn zu der Wiese, auf der sein Sohn seit Monaten auf einer Parkbank vor sich hin vegetiert und auf der er vermutlich auch sterben wird, wenn sich nicht bald etwas ändert.

An der Ecke bleibe ich stehen. Marc soll mich nicht in Begleitung seines Vaters sehen. Ich beobachte, wie der Fleischer sich vorsichtig der Bank nähert und vor Marc stehen bleibt. Jetzt sagt er etwas und legt seinem obdachlosen Sohn eine Hand auf die Schulter. Schließlich setzt er sich neben ihn. Selbst aus der Ferne kann ich erkennen, dass Marc völlig unbeeindruckt ist. Nach einer Weile steht er einfach auf und geht. Sein Vater schaut ihm hinterher, bleibt auf der Bank sitzen und nestelt verlegen an den nassen Schlafsachen herum. Dann fängt er ein Gespräch mit einer der Hundebesitzerinnen an, die hier immer unterwegs sind und den Mann von der Parkbank natürlich längst kennen.

Ich schaue auf die Uhr. Verdammt, schon so spät! Und ich muss dringend ins Büro. Also schreibe ich dem Vater eine Nachricht mit der Bitte, mich später anzurufen, und verlasse die Szenerie.

Auf dem Nachhauseweg sehe ich Marc auf seiner Bank sitzen. Neben ihm steht ein großer blauer Müllsack, er ist voll mit Klamotten. Sein Parka ist geöffnet, darunter trägt er eine nagelneue schwarze Winterjacke. Inzwischen sieht er aus wie ein unförmiger Riese. Er kann seine Arme kaum noch bewegen, die Jacken umhüllen ihn wie eine dicke, wurstige Masse. Ich stelle meine Tüte ab, gebe ihm meine angebrochene Zigarettenpackung und gehe weiter. Ob er mit seinen vier Jacken überhaupt noch anständig rauchen kann?

Marcs Vater hat sich seit unserem Treffen nicht mehr gemeldet. Einige Tage später schreibe ich ihm, dass ich demnächst mit einem gewissen Professor Bock sprechen werde und große Hoffnungen in diesen Kontakt setze.

»Ich melde mich, sobald es Neuigkeiten gibt!«

»Ich bin die nächsten zwei Wochen im Urlaub«, antwortet er mir. »Bitte keine Anrufe. Nachrichten oder E-Mails sind okay.«

Seine Nachricht ekelt mich an und macht mich wütend. Er will also nicht durch Anrufe in seinem Urlaub gestört werden? Einmal tief durchatmen. Ich habe keine Lust, mich jetzt auch noch wegen Marcs Vater aufzuregen, und beschließe deshalb, ab sofort keinen Kontakt mehr zu ihm zu haben. Ist vielleicht besser so.

Anfang Oktober. Es wird immer kälter.

»Kann ich einen der nassen Schlafsäcke mitnehmen? Du bekommst auch einen trockenen von mir«, frage ich Marc.

»Nein. Alles so lassen«, lautet seine Antwort.

»Der wird aber nicht mehr trocken werden, wir haben Herbst!«

»Alles so lassen.«

Manchmal geht er mir mit seinem Verhalten unglaublich auf die Nerven. Und es ist noch nicht vorbei.

»Ich brauche deine Hilfe nicht mehr«, bekomme ich zu hören.

Jetzt reicht es mir. Ich bin so wütend, dass ich Marc zwei Tage lang nicht besuche. Noch ist es nicht kalt genug, dass er da draußen einfach erfriert. Soll er doch seinen Kram alleine regeln. Vielleicht ist es ja auch mal ganz lehrreich, ihm die Vollverpflegung zu streichen.

Die nächsten beiden Tage versuche ich, nicht an Marc zu denken. Das ist schon allein deshalb unmöglich, weil mein Umfeld das nicht zulassen will.

»Wie lange muss Marc denn jetzt darben?«, fragt mich Frank.

»Hat er denn jetzt nicht Hunger, wenn du nicht mehr auftauchst?«, fragt mich mein Kollege im Büro.

Vermutlich schon. Am dritten Tag erbarme ich mich und kaufe ein. Im Schanzenviertel finde ich ihn. Er hat einen Laib trockenes Brot in der Hand. Schwer zu sagen, ob die Bissspuren von ihm oder irgendwelchen Tieren stammen, denen er das Brot geklaut hat. Ich halte ihm die Tüte hin und frage ohne eine richtige Begrüßung:

»Willst du das haben?«

Marc reißt die Augen auf.

»Boah, ja! Danke, ciao!«

Dann eilt er auch schon wieder davon. In der einen Hand das alte Brot, in der anderen meine Tüte. Vor lauter Begeisterung hat er sogar vergessen, mich nach Zigaretten zu fragen.

An einem düsteren Freitag zieht der Sturm Xavier über Hamburg. Vierundzwanzig Stunden lang wütet er in der Stadt, entwurzelt Bäume, fegt Fahrräder über die Straßen, und als er sich endlich wieder beruhigt, sind zwei Menschen tot. Während dieser Orkan durchs Schanzenviertel tobt, sitzt Marc die ganze Zeit völlig schutzlos alleine auf seiner Bank. Als ich ihn treffe, ist er klatschnass. Ich kann in diesen gruseligen Tagen nicht mehr tun, als mich alle paar Stunden in meine Regenklamotten zu werfen und nach ihm zu sehen. Diese Hilflosigkeit in Kombination mit tiefem Mitgefühl nagt an mir.

Von Tag zu Tag geht es mir schlechter mit dieser Geschichte, nimmt mich Marcs Schicksal mehr mit. Ich kann mich einfach nicht mehr entspannen, abends fällt es mir unglaublich schwer einzuschlafen.

Es wird auch nicht besser, weil es mit Marc seit dem Sturm richtig bergab geht. Er sitzt da auf seiner Bank, lässt den Kopf hängen wie ein geprügelter Hund und bringt kaum ein Wort über die Lippen. Sein »Alles super, danke, ciao!« habe ich seit viel zu langer Zeit nicht mehr gehört.

»Marc, es wird kalt heute Nacht, es wird regnen. Du musst dich unterstellen, wenn es regnet! Du darfst nicht immer wieder nass werden«, flehe ich ihn an.

»Hmm.« Er klingt wie ein bockiges, aber völlig erschöpftes Kind.

In dieser Phase der schwersten Marc-Depression bekomme ich einen Anruf von Thomas Bock, dem Professor, den mir Frau von Haebler so sehr ans Herz gelegt hatte. Er fragt mich, ob wir am kommenden Samstag zusammen einen Kaffee trinken wollen. Ich lade ihn zu uns ein.

Am Samstagnachmittag steht er vor meiner Tür. Ein vitaler, vielleicht sechzig Jahre alter Mann mit wachen Augen. Er ist mir gleich sympathisch. Ich mag es, Menschen zu treffen, die mich auf den ersten Blick berühren. Das ist selten, aber wenn es passiert, hat es etwas Heimeliges. Dann vertraue ich blind und folge meinem Gespür.

Beim Kaffee schildere ich ihm ausführlich meine Erfahrungen der vergangenen Monate, meine Hilflosigkeit, meine Angst vor dem Winter, meine Unsicherheit mit Marcs offensichtlicher psychischer Erkrankung. Der Professor lässt mich in Ruhe ausreden und sagt dann:

»Ich will gerne versuchen, Ihnen und Marc zu helfen. Aber eines dürfen Sie nicht vergessen: Selbst wenn wir ihn davon überzeugen, in die Klinik zu gehen, macht ihn das nicht zu einem anderen Menschen. Es gibt keine Garantie auf Heilung. Wir können und wir dürfen Menschen nicht in ein Raster zwängen. Aber es ist unsere Aufgabe, wieder Entscheidungsmöglichkeiten zu schaffen.«

Dann erzählt er mir die Geschichte von Gerd Kemme, einem Mann, dem er während seiner Tätigkeit als Psychologe immer wieder begegnete. Die Geschichte vom Waldmenschen.

Dieser Mann hatte eine ältere Schwester, die ihm sehr wichtig war. Als die Schwester in die Pubertät kam, erkrankte sie an einer schweren Psychose. Der Bruder erschrak sehr und versuchte sein Leben so ordentlich wie möglich einzurichten. Er ging zur Bundeswehr, wurde Mitglied einer Spezialeinheit, heiratete und wurde Vater einer Tochter. Als diese Tochter in die Pubertät kam, war es mit der Ordnung vorbei. Die Sorge um die Tochter und die Angst um die Schwester waren nicht zu trennen. In der Panik wuchs die Überzeugung, die Tochter nur retten zu können, wenn er als Vater und Offizier die Drogenkuriere abfängt. Die Wirklichkeit wurde zum Wahn. Frau und Tochter entzogen sich der Kontrolle, die Ehe ging in die Brüche, und kurze Zeit später konnte Gerd Kemme auch die Wohnung alleine nicht mehr halten. Zurück blieb nur der gemeinsam angeschaffte Hase. Mit diesem Hasen ging Kemme in den Wald, bis der ihm auch davonhoppelte. Von da an wurde aus ihm der Waldmensch, dank seiner Ausbildung bei der Bundeswehr lebte er jetzt im Wald, baute sich Unterstände und verabschiedete sich von der Zivilisation. Seine Vision war, der Menschheit beizubringen, »artgerecht naturverbunden zu leben«. In die Ambulanz kam er, um sich aufzuwärmen oder um was zu essen. Erst sehr langsam wuchs Vertrauen.

Doch die Zivilisation schlug zurück. Ein Ordnungsfanatiker mit Schäferhund fühlte sich vom Außenseiter provoziert, verletzte Herrn Kemme schwer. Mithilfe eines Spaziergängers gelangte er aus seinem Unterschlupf dann doch in ein Krankenhaus. In dieser Situation hatte Thomas Bock die Idee, gemeinsam ein Buch zu schreiben. Herr Kemme war einverstanden, und erst jetzt gab er preis, was er im Wahn alles erlebt und angestellt hat. Am Ende wurde es ein Jugendroman: *Pias lebt gefährlich*. Die beiden Männer gingen auf Lesereise und machten als Referenten des Vereins »Irre menschlich Hamburg« Begegnungsprojekte an Hamburger Schulen, während Kemme weiterhin im Wald lebte.

»Für das erste Projekt waren wir um acht Uhr morgens an einem Gymnasium verabredet«, erzählt Professor Bock. »Nie hätte ich gedacht, dass er es pünktlich schafft. Aber am Ende kam ich zu spät, und er stand um Punkt acht auf der Matte.«

Gerd Kemme, der Waldmensch, schlug sich bei den Lesungen hervorragend, die Schüler waren fasziniert von diesem besonderen Typen. Er zeigte ihnen, wie man aus Zeitungspapier stabile Hütten bauen kann, und beeindruckte mit unterschiedlichsten Überlebenstricks.

»Gerd Kemme war stolz und wollte Hilfe nur gegen Gegenleistung«, sagt Thomas Bock. »Meine Hoffnung war, dass seine Arbeit als Lebenslehrer bei den Schulprojekten des Vereins ›Irre menschlich Hamburg‹ irgendwann reichen könnte, um sich dann auch wieder eine Wohnung zu erlauben.«

Doch dazu kam es nicht mehr. Gerd Kemme starb mit Mitte sechzig an einem Herzinfarkt – in der Wohnung seiner Ex-Frau. Die Aussegnung übernahm die Tochter, die inzwischen als Pastorin im benachbarten Stadtteil arbeitete.

Als er seine Geschichte beendet hat, kann ich die Rührung in den Augen des Professors sehen. Es erstaunt mich, dass dieser Psychologe nach all den Jahren noch so sensibel und voller Hochachtung über einen ehemaligen psychotischen Patienten spricht. Und ich verstehe die Botschaft dieser Geschichte. Dass nämlich auch ein psychoseerfahrener Mensch durchaus Gründe dafür hat, was er tut. Und genau das gleiche Recht darauf hat, ein selbstbestimmtes Leben zu führen. Auch Gerd Kemme brauchte Begleitung, um sich auf seine Weise weiterzuentwickeln. Doch im Gegensatz zu Marc wusste er sich vor Regen und Kälte zu schützen.

Mehr denn je weiß ich jetzt: Marc benötigt Hilfe und Schutz. Und mit Thomas Bock habe ich endlich einen Menschen gefunden, der uns vielleicht wirklich dabei helfen kann.

# 5. Lady in Pink

Oktober bis November 2017

Der von mir lange gefürchtete Winter ist da. In der Nacht fällt das Thermometer auf zwei Grad unter null. Und Marc wird einfach nicht mehr trocken. Es scheint schon so lange her, dass ich mich dazu entschlossen habe, die Verantwortung für diesen Menschen zu übernehmen, momentan habe ich dafür jedes Zeitgefühl verloren.

Schon um fünf Uhr beginnt jetzt die Dämmerung. Marcs Bank, die direkt neben einem Mülleimer an einem ausgetretenen Pfad aus Kies steht, ist völlig unbeleuchtet. Straßenlaternen gibt es nur neben dem betonierten Weg auf der anderen Seite der Wiese. Wenn ich am Abend von der Arbeit komme, die Provianttüte in der Hand, kann ich nicht erkennen, ob Marc »zu Hause« ist oder nicht. Also gehe ich vorsichtig den unebenen Kiesweg entlang. Seit die Bedingungen so extrem geworden sind, scheint Marc vollkommen die Kontrolle zu verlieren. Hatte er bislang immerhin seinen Müll in der Tonne neben der Bank entsorgt, stapeln sich nun leere Chipstüten, Essensreste und leere Flaschen unter und hinter der Bank. Nicht nur einmal habe ich hinter ihm Ratten ins Gebüsch huschen sehen.

»Es ist so kalt«, sagt er, als ich das nächste Mal vor ihm stehe. Ich drücke ihm seine Schultern, Schmutzwasser quillt aus dem Stoff seiner klitschnassen Jacke und rinnt mir über die Finger.

»Marc, was machen wir denn jetzt?«, frage ich. In diesem Moment fühle ich mich noch hilfloser, noch verzweifelter.

»Weiß ich auch nicht.« Seine Stimme klingt so matt.

Vom Büro aus rufe ich mal wieder beim Sozialpsychiatrischen Dienst an. Beinahe schon panisch sage ich:

»Hören Sie, da muss etwas passieren! Er sitzt total nass bei minus zwei Grad auf einer Parkbank. Ich will nicht, dass er stirbt.«

»So schnell stirbt es sich nicht«, antwortet die Frau am anderen Ende der Leitung gelangweilt.

»Aber es wird immer kälter!«, entgegne ich. »Er befindet sich in einer Psychose und muss eingewiesen werden. Er hat keine Krankheitseinsicht, das ist typisch, er verhält sich selbstgefährdend und …«

»Aber er ist noch in der Lage, selbstständig aufzustehen?«, unterbricht mich die Dame.

»Ja.«

»Dann ist da nichts zu machen. Wenn Sie sehen, dass er nicht mehr aufstehen kann, rufen Sie 110, die bringen ihn dann ins Krankenhaus.«

»Und wie soll ich das machen? Soll ich die ganze Nacht neben seiner Bank stehen und darauf warten, dass er irgendwann umfällt?«

»Na, das machen Sie schon.«

Ich atme einmal tief durch. Dann lege ich auf.

Ich bin so wütend! Warum besetzen die so eine Stelle mit einer so ignoranten und offensichtlich nicht herausragend intelligenten Frau? Wo doch klar ist, dass man sich nur an diesen Dienst wendet, wenn man ernsthafte Probleme hat? Ich wiederhole ihre Antworten vor meinen Kollegen, die mich fast ängstlich anschauen, weil sie merken, wie vollkommen außer mir ich bin. Wir schimpfen dann solidarisch noch gemeinsam über Bürokratie und unmenschliche Zeitgenossen, bis ich mich wieder einigermaßen beruhigt habe.

Der Tag wird nicht besser. Abends auf dem Weg nach Hause fängt mich der Architekt aus dem Ladenbüro nebenan ab.

»Wisst ihr eigentlich, dass eure Katze uns immer wieder tote Mäuse vor die Hoftür legt?«

»Nein, das wusste ich nicht«, antworte ich. Der Nachbar sieht mich herausfordernd an.

»Na ja, ich kann ja mal mit ihr reden«, sage ich und gehe weiter.

Ende Oktober werden zwei tote Obdachlose auf der Reeperbahn gefunden. Und auf einmal geht alles sehr schnell. Kurz nach dieser schlimmen Nachricht bekomme ich den Anruf einer Amtsärztin. Sie möchte sich Marc ansehen. Wir verabreden uns für Montag vierzehn Uhr.

Zum verabredeten Zeitpunkt sehe ich vor unserem Schaufenster eine Mittfünfzigerin aus einem Auto steigen. Sie trägt eine leuchtend pinkfarbene Baskenkappe, die dazu passende pinkfarbene Hose und eine goldene Brille mit abgedunkelten Gläsern. Lass das nicht die Amtsärztin sein, denke ich.

Doch sie steuert zielstrebig auf unsere Wohnung zu. Ich lasse die pinke Lady herein, und sie erklärt mir ihren Plan: Sie wird jetzt Marc aufsuchen, dafür hat sie einen Fragenkatalog dabei. Wir laufen nebeneinander Richtung Wiese.

»Erst mal werde ich ihn fragen, ob er Stimmen hört«, sagt sie.

Wieder einmal fühle ich mich als Verräterin. Ich weiß, dass Marc auf seiner Wiese bleiben möchte, dass er auf keinen Fall in eine Psychiatrie gesperrt werden will. Wenn er wüsste, dass ich diese Frau zu ihm bringe, würde er nie wieder ein Wort mit mir sprechen.

Kurz vor der Wiese biege ich ab. Wir wollen uns nach ihrem Gespräch vor dem Kiosk um die Ecke treffen. Schon kurze Zeit später – auf den Fragenkatalog hatte er anscheinend keine rechte Lust – sehe ich Marc die Wiese verlassen, er geht in meine Richtung. Ich verstecke mich hinter einer Litfaßsäule, um das

Geschehen zu beobachten. Marc ist nun etwa auf meiner Höhe und überquert die Ampel Richtung Schulterblatt. Da sehe ich die pinkfarbene Baskenmütze schnellen Schrittes hinter ihm herlaufen. Die Amtsärztin hat also die Verfolgung aufgenommen.

Ich schließe mich den beiden an, und so laufen wir das Schulterblatt entlang: Marc ganz vorne, die Amtsärztin in sicherem Abstand, ich dahinter. Die Ärztin versteckt sich immer wieder in einem Hauseingang und lugt vorsichtig um die Ecke. Was für ein absurdes Schauspiel. Denn Marc dreht sich nie um, ihre detektivischen Vorsichtsmaßnahmen sind also vollkommen umsonst.

Unsere Truppe biegt nun in die Susannenstraße ein und weiter zur Schanzenstraße. Marc biegt nach links ab, die Baskenmütze hinterher und schließlich ich als Nachhut. Plötzlich bleibt die Ärztin abrupt vor einem Schaufenster stehen. Hinter der Scheibe warten ein Kleid im skandinavischen Stil, mehrere Damenhandtaschen und ein grüner Catsuit auf neue Besitzer. Während die Medizinerin gebannt die Auslage inspiziert, überquert Marc die Straße zum S-Bahnhof und setzt sich auf eine Bank.

Als sich die Frau in Pink endlich vom Schaufenster losreißen kann, ist Marc aus ihrem Blickfeld verschwunden. Sichtlich irritiert, irrt sie weiter über die Straße. Da beschließe ich, die Verfolgung abzubrechen. Ich werde schneller und kann sie schließlich einholen.

»Ah, das ist gut«, ruft sie, »ich habe ihn verloren! Gehen wir noch einen Kaffee trinken?«

Wir setzen uns vor eine Bäckerei. Sie stellt mir noch einige Fragen über Marc, ich antworte, so gut ich kann, denn schließlich hängt von dem Bericht dieser merkwürdigen Frau alles ab.

»Ist er denn verkehrstüchtig?«, fragt sie mich.

»Wie meinen Sie das?«

»Achtet er auf den Verkehr, oder läuft er auch mal, ohne sich umzuschauen, einfach auf die Straße?«

»Ja, das passiert hin und wieder«, antworte ich. »Erst vor einigen Tagen berichtete mein Freund davon, dass er Marc fast angefahren hätte, weil der plötzlich vor sein Auto gelaufen war.«

»Wie beschafft er sich seine Ernährung? Bettelt er?«

»Nein, er bettelt nie. Wenn ich ihm nichts bringe, ernährt er sich aus Mülltonnen.«

Irgendwann scheint sie sich genug Notizen gemacht zu haben.

»Sagen Sie, was machen Sie eigentlich beruflich?«, fragt sie mich.

»Ich bin Grafikerin und arbeite für die Musikbranche.«

»Ah, wirklich? Das ist ja spannend!« Sie ist jetzt ganz aufgeregt. »Mein Mann ist Jazz-Musiker!«

Dazu fällt mir wirklich nichts mehr ein. Um die peinliche Pause zu überbrücken, frage ich, ob ihr Mann denn Starallüren habe. Eine selten dämliche Frage. Doch die Ärztin findet sie anscheinend absolut berechtigt.

»Nein, überhaupt nicht. Er ist viel zu bescheiden. Wissen Sie, er ist auch schon einmal beim Elbjazz-Festival aufgetreten.«

Ich versuche, ihr einen bewundernden Blick zu schenken. Und denke, dass es doch eigentlich um Marc geht und nicht um mögliche Befindlichkeiten eines Jazz-Musikers.

Bevor wir uns verabschieden, verspricht sie mir, den Bericht spätestens morgen ans Amtsgericht zu faxen. Sie gibt mir zu verstehen, dass sie eine Empfehlung zur Einweisung aussprechen werde. Vielleicht hat sich diese kuriose Begegnung am Ende ja doch gelohnt.

Nach diesem zur Verfolgungsjagd ausgearteten Treffen rufe ich Professor Bock an und berichte, was ich erlebt habe. Er bietet mir spontan an, ebenfalls eine Einschätzung ans Amtsgericht zu faxen und die Dringlichkeit in diesem Fall zu betonen. Letztlich wird er sogar mit der Richterin telefonieren, um sie davon zu überzeugen, in Marcs Fall aktiv zu werden. Zugleich hält er es für möglich, dass sich Marc sogar dazu bringen lassen kann, seine Bank und die Wiese wirklich zu verlassen. In unserem Telefonat erklärt mir Thomas Bock die Schwierigkeiten einer solchen Prozedur:

»Leider funktioniert die Psychiatrie bisher nicht aufsuchend. Ein richterlicher Beschluss ist nötig, um uns zum Handeln zu zwingen, nicht den Patienten.«

Tatsächlich überzeugt er mit dieser Argumentation sogar die Richterin, die der Psychiatrie gegenüber eigentlich kritisch eingestellt ist. Zeitgleich hat der Professor bereits die psychiatrische Station auf Marcs Ankunft vorbereitet, die Pfleger und Ärzte dort kennen seine Geschichte.

Die folgenden Tage sind für mich kaum zu ertragen. Es wird immer kälter. Ich rufe bei der Amtsärztin an und frage, wie es jetzt weitergehen soll. Ja, sagt sie, Professor Bock habe heute auch schon nachgefragt. Und sie müsse zugeben, dass es eine Ehre für sie war, dass so ein bekannter Mann sie persönlich angerufen habe.

»Aber wissen Sie, was?«, fragt sie dann.

»Nein, was denn?«

»Er ist ja eigentlich gar kein richtiger Arzt.«

Sie verspricht, den Bericht noch heute abzuschicken.

Zu Hause erwarten mich ganz andere Probleme. Meine vierzehnjährige Tochter wünscht sich eine neue Frisur und hat schon sehr genaue Vorstellungen: Die linke Hälfte ihres Kopfes soll weiß, die rechte Hälfte schwarz gefärbt werden.

»Paulina, das ist so ein krasser Kontrast«, sage ich, die ich selbst mit blondierten Haaren durch die Gegend laufe, die ich mich mit sechzehn eigenhändig mit einem Rasierer frisierte und mir mit Nadeln Dutzende Ohrlöcher selbst stach.

»Das wird dich ganz blass aussehen lassen. Und deine Haare gehen davon kaputt.«

»Mir egal, dir muss es nicht gefallen«, antwortet sie bockig.

Ich spreche mit meinem Friseur, dessen Laden direkt neben Marcs Hundewiese liegt.

»Bitte, Thorsten, kannst du das übernehmen?«

»Nein, das ist gegen meine Überzeugung und auch gegen unsere Politik hier im Laden«, antwortet er.

»Bitte! Es ist dem Kind wichtig. Haare wachsen nach, und irgendwie muss man sich als Teenie doch abgrenzen.«

»Na gut, unser Azubi könnte es nach Ladenschluss machen. Für ihn ist das eine gute Übung und für uns nicht offiziell.«

Doch die Sache gestaltet sich schwieriger als gedacht. Eigentlich sind wir an einem Sonntagmorgen mit Azubi Darda verabredet, doch als wir zum vereinbarten Zeitpunkt da sind, ist der Laden noch verschlossen. Ich rufe Darda auf dem Handy an, erst nach dem dritten Versuch geht ein völlig verpennter Zwanzigjähriger ans Telefon.

»Schlaf ruhig weiter«, sage ich, »ich rufe gegen dreizehn Uhr wieder an. Wäre nur schön, wenn das heute irgendwann noch klappen könnte.«

Um eins fällt Darda ein, dass er noch mit seinem Bruder einkaufen gehen muss.

»Aber es ist Sonntag?«, sage ich.

»Wir gehen immer zu Lidl am Bahnhof Altona, die haben auch am Sonntag auf«, antwortet er.

Nun gut. Irgendwann einigen wir uns dann auf achtzehn Uhr. Der dritte Versuch. Als Paulina und ich ankommen, wirkt der Azubi immer noch leicht mitgenommen. Es muss wirklich eine harte Nacht gewesen sein.

»Das wird circa drei Stunden dauern. Bleichen, noch mal bleichen, färben – das braucht Zeit«, informiert er meine Tochter und mich.

»Dann gehe ich jetzt nach Hause und komme nachher wieder«, sage ich.

Während meine Teenager-Tochter eine Typveränderung anstrebt, halte ich unterwegs bei Marc an.

»Hey, wie gehts?«, frage ich bibbernd vor Kälte.

»Ja, danke. Alles okay.«

»Meine Tochter sitzt gerade nebenan beim Friseur. Sie lässt sich die Haare färben. Sie ist erst vierzehn«, versuche ich, Marc die Situation zu erklären.

»Ah wirklich?«

»Ja, wirklich.«

»Okay, danke, ciao.«

Ich werde immer verzweifelter, und das hat nichts mit Paulinas Frisur zu tun. Marcs Kleidung ist permanent klamm, und die Wettervorhersage verspricht wieder Minustemperaturen. Frank sagt:

»Marc muss jetzt sehr fettig essen. So machen es die Eskimos.«

Ich gehe zu Marc und frage ihn, ob ich ihm eine Portion Pommes mit Mayo kaufen soll.

»Ja, okay, danke.«

Zwanzig Minuten lang warte ich auf den Mann an der Fritteuse. Kann es denn so schwer sein, ein paar Pommes zuzubereiten? Als ich endlich wieder mit meiner Tüte Pommes-Mayo zur Wiese komme, ist die Bank leer. Es ist nasskalt, und ich habe keine Lust, mit einer Tüte Fritten durch die Schanze zu laufen. Boah, Marc, denke ich, warum hast du nicht gewartet? Zu Hause stochern Frank und ich lustlos in den lauwarmen Pommes herum.

Am Abend ist es schneidend kalt draußen. Ich ziehe mich warm an und gehe zur Wiese. Marc sitzt regungslos auf der Bank.

»Hey, wie geht es dir? Ist dir sehr kalt?«

»Mir ist superkalt.«

Ich sitze nun neben ihm, fasse ihn fest mit beiden Händen an den klammen, stinkenden Schultern und frage ihn zum zweiten Mal:

»Was machen wir denn jetzt?«

»Weiß ich auch nicht«, antwortet er tonlos.

Die Situation erscheint mir gerade vollkommen aussichtslos. Marc tut mir so unendlich leid, und mir will einfach nichts einfallen, was die Lage verbessern könnte.

»Ich komme gleich noch mal und bringe dir Essen und irgendeine Decke.«

Eigentlich habe ich längst keine überflüssigen Decken mehr. Heute muss Paulinas Winterdaunendecke dran glauben. Sie bekommt meine, und ich zwänge mich mit unter Franks.

Montag Morgen: Marc sieht schlecht aus. Ich bringe ihm Frühstück und ein Paar Handschuhe.

»Zieh die an, deine Hände sind so dick und rot.«

»Ja, mache ich später«, sagt er.

Für mich ist das der absolute Tiefpunkt. Vom Amtsgericht gibt es noch immer nichts Neues. Es ist inzwischen so kalt, dass ich selbst mit Strumpfhose unter meiner Jeans friere, und Marc sitzt weiterhin mit nassen Klamotten schutzlos in der Kälte. Auf dem Heimweg bekommt er eine Tüte voll mit möglichst fett- und energiereichen Lebensmitteln. Wie die Eskimos. Er sieht erbärmlich aus. Scheiße, so geht das nicht weiter. Ich laufe zum nächsten Drogeriemarkt und kaufe vier Wärmflaschen. Zu Hause sitze ich mit dem Rücken an die warme Heizung gelehnt und denke permanent an diesen frierenden Menschen, der sich, dreihundert Meter von mir entfernt, auf einer Bank zu Tode friert.

Im Internet lese ich, dass der Mensch sogar bei Graden über null erfrieren kann, besonders dann, wenn auch Feuchtigkeit im Spiel ist. Zum ersten Mal denke ich darüber nach, Marc einfach anzuzeigen. Wenn ich der Polizei erzähle, dass er mich bedroht hat, müssen sie ihn dann nicht einweisen? Noch während ich mit diesem hilflosen Gedanken spiele, wird mir klar, dass das keine Lösung sein kann. Aber es zeigt mir einmal mehr, wie verzweifelt ich inzwischen bin.

Um Mitternacht setze ich heißes Wasser auf und befülle zwei Wärmflaschen. Auf dem Weg zur Wiese presse ich sie gegen meine Daunenjacke und möchte sie am liebsten gar nicht mehr hergeben. Über den matschigen, in der Dunkelheit kaum erkennbaren Kiesweg gehe ich zu Marcs Bank. Er liegt unter einer Schicht nasser Schlafsäcke.

Vorsichtig rüttele ich an diesem Stoffhaufen. »Hey, Marc!«

»Ja, hallo«, antwortet er. Er bewegt sich, die nassen Schlafsäcke wabern.

»Hier, für dich.«

Eine Hand kommt aus dem Schlafsackberg heraus, ich lege eine Wärmflasche hinein.

»Boah, danke!«

»Leg die auf deinen Bauch, und hier noch eine, leg die auf deine Beine. Und wenn dir kalt wird, steh auf und lauf rum, das ist wichtig, du sollst hier nicht erfrieren.«

»Okay, danke, ciao.«

Am nächsten Morgen rufe ich wieder beim Amtsgericht an. Endlich bekomme ich eine konkrete Auskunft. Am 15. November soll Marc von einer Richterin aufgesucht und anschließend ins UKE überführt werden.

Noch fünf Tage.

# 6. Cinderella
November bis Dezember 2017

Je kälter es wird, desto schlechter geht es mir. Rainer, einer meiner Bürokollegen, erwischt mich in einem besonders miesen Moment.

»Hey, Katie-Kate«, fragt Rainer freundlich, »wie gehts dir?« Eigentlich eine alltäglich beiläufige Frage, aber ich bin mit meinen Nerven am Ende, und anstatt zu antworten, fange ich an zu heulen.

»Es ist so schlimm«, sage ich und muss gar nicht weiter erklären, worum es geht.

»Ja«, sagt Rainer ruhig, »aber wie gut, dass du das machst.«

Der 15. November, endlich ist es so weit. Ich gehe zur Wiese, um Marc seine Frühstücksbrötchen zu bringen, aber er sitzt nicht wie gewohnt auf seiner Bank. Was mich normalerweise nicht aus dem Konzept bringen würde, aber heute schon. Ich suche ihn an der U-Bahn-Station Sternschanze. Laufe zur Susannenstraße. Zum Schulterblatt. Keine Spur von Marc. Mist, wo ist er denn? Vor seiner leeren Bank bleibe ich stehen. Hat er geahnt, dass sie ihn heute holen würden? Hat er etwa doch das dritte Auge? Oder drehe ich hier langsam durch?

Ich rufe bei Thomas Bock an. Vielleicht weiß er mehr.

»Marc wurde schon gestern Abend abgeholt«, sagt er. »Haben Sie meine SMS nicht erhalten?«

Ich bin so glücklich. Und ich bin noch erleichterter, als ich erfahre, dass Marc freiwillig mitgegangen ist und Thomas Bock heute bereits bei ihm war. Auch einen staatlichen Betreuer haben sie ihm zugeteilt. Der soll zukünftig dafür sorgen, dass alle notwendigen Anträge bei den Behörden, der Krankenkasse und so weiter gemacht werden. Marc hat inzwischen draußen im Hof sogar schon eine Ersatzbank gefunden und liegt momentan in voller Montur in seinem Bett.

»Ich werde nachher noch mal nach ihm sehen«, sagt der Professor, »gibt es etwas, das ich ihm bringen könnte?«

»Zigaretten. Und vielleicht einen Orangensaft.«

»Getränke haben sie hier ausreichend, Zigaretten kaufe ich später. Welche Marke raucht er denn?«

Jetzt muss ich lachen. »Völlig egal. Er raucht alles.«

»Würden Sie ihn denn mal hier besuchen kommen?«, fragt er mich weiter.

»Na klar!«

Zwei Tage später sitze ich im Auto auf dem Weg zum UKE. Dort angekommen, muss ich erst mal den Zugang zur geschlossenen Station suchen. Ich bin aufgeregt. Wie wird Marc auf mich reagieren? Hasst er mich jetzt?

Endlich finde ich die richtige Tür. Oben eine Überwachungskamera. Ich drücke den Klingelknopf, und eine Stimme fragt mich, warum ich hier bin.

»Mein Name ist Katja Hübner, ich würde gerne Marc besuchen.«

Ein Summen, die Tür öffnet sich, und ich stehe in einer Schleuse. Vor mir noch ein verschlossener Durchgang. Die hintere Tür schließt sich, erneutes Summen, und die vordere Tür öffnet sich. Ich blicke in einen langen Flur. Links steht ein Glaskasten mit einem Empfangstresen, der allerdings nicht besetzt ist. Am Ende des Flurs noch ein Glaskasten.

Unentschlossen stehe ich in diesem leeren Gang. Dann taucht auf einmal ein großer und ziemlich blasser Mann mit einem Ziegenbart auf und steuert auf mich zu.

»Bist du zu Besuch oder eine Patientin?«, fragt er mich und starrt mich mit ernstem Gesicht an.

»Zu Besuch«, antworte ich.

»Ich auch.«

Er starrt noch immer so eindringlich, und jetzt fühle ich mich unwohl. Ich gehe Richtung hinterer Glaskasten. Eine alte einbeinige Frau im Rollstuhl schaut mich misstrauisch an. Eine junge Pflegerin führt ein weinendes Mädchen vorsichtig durch den Gang. Zum Glück ist dieser Kasten besetzt, also frage ich nach Marc.

In diesem Moment kommt er den Gang entlang. Er sieht genauso aus wie bei unserem letzten Treffen: Wollmütze, Parka, die Kapuze auf dem Kopf. Er sieht mich, ich erkenne ein winziges Lächeln, er hebt die Hand zum Gruß und kommt auf mich zu.

»Hey, wie gehts?«, fragt er mich.

»Gut. Und dir?«

»Ganz okay. Hast du mir etwas mitgebracht?« Ich drücke ihm eine Tüte mit Keksen und Saft in die Hand.

»Wollen wir eine rauchen?«

Wir gehen in einen Innenhof. Dort stehen, eingerahmt von verschlossenen Fenstern, zwei Bänke und ein paar Sträucher. Wir setzen uns auf eine der Bänke und rauchen schweigend. Als die Zigaretten aufgeraucht sind, steht Marc auf und sagt:

»Okay. Danke, ciao.«

»Ist es okay, wenn ich wiederkomme?«, frage ich.

»Ja, ja klar.«

Auf dem Rückweg im Auto fühle ich eine riesige Erleichterung. Marc scheint sich mit der neuen Situation zu arrangieren, ich hatte nicht das Gefühl, dass er sofort wieder rauswill auf die Straße. Gleichzeitig kann ich es noch gar nicht glauben: Marc ist in Sicherheit, er hat ein Bett im Trockenen, er bekommt Frühstück, Mittag- und Abendessen. Zu Hause angekommen, fühle ich mich glücklich und gleichzeitig unglaublich erschöpft.

Wäre es nicht jetzt eigentlich eine gute Gelegenheit, diese Geschichte zu beenden? Loszulassen? Vermutlich ja. Aber auf irgendeine Weise hänge ich an ihm, vielleicht ist es wirklich das, was mir zu Beginn unserer Beziehung so merkwürdig erschien: Ich habe Marc ins Herz geschlossen. Er ist zu einem Freund geworden, auch wenn diese Freundschaft so einseitig zu sein scheint.

Auch Professor Bock meint, ich müsse Marc sehr wichtig sein. Für eine lange Zeit war ich sein einziger täglicher Kontakt. Unsere knappen Dialoge waren seine einzigen Gespräche. Also fahre ich von nun an täglich ins UKE. In der ersten Zeit bringe ich ihm die obligatorischen Tüten, die jetzt eher ein Ritual und eine Konstante mit minimalem Inhalt sind.

Außer dass er jetzt ein Dach über dem Kopf hat und in professioneller Obhut ist, ändert sich zunächst nicht viel für Marc. In den ersten beiden Wochen läuft er wie zuvor ungeduscht in seinen stinkenden Klamottenschichten durch die Gegend, sitzt rauchend im Hof oder liegt im Bett und schaut unbeteiligt an die Decke. Immerhin hat seine Bank jetzt ein Dach. Unsere Begegnungen dauern, wie gewohnt, nie länger als zehn Minuten. Hallo, wie gehts, gut und dir, hast du mir was mitgebracht, gemeinsame Zigarettenpause und dann das unvermeidliche: Okay, danke, ciao.

Meine Nase hat sich längst an Marcs Gestank gewöhnt, für seine neuen Mitbewohner muss es allerdings unerträglich sein. Einer der Pfleger spricht mich an und fragt mich, ob ich versuchen könnte, Marc zum Duschen zu überreden.

»Marc, gehst du heute vielleicht mal unter die Dusche?«

Marc nickt. »Ja, mach ich. Aber nicht heute.«

Als die ersten Tage zu Wochen werden, fragt mich Professor Bock, ob wir Marc gemeinsam besuchen wollen. Sehr gerne.

Also verabreden wir uns am Eingang der Geschlossenen. Auf dem Weg zu Marcs Zimmer sprechen wir über das Problem mit der fehlenden Körperhygiene. In meiner Ratlosigkeit lasse ich mich zu dem absurden Satz hinreißen, dass wir ihn vielleicht mit den Tüten erpressen könnten, er hänge doch so daran. Der Professor überlegt kurz und sagt dann: »Eigentlich versuche ich, so was zu vermeiden. Aber wir können ja versuchen, mit ihm einen Deal zu machen.«

Marc liegt im Bett, als wir das Zimmer betreten. Er setzt sich auf, und wir rücken zwei Stühle neben sein Bett.

»Wie geht es Ihnen?«, fragt Professor Bock.

»Ist okay«, antwortet Marc.

»Schaffen Sie es, heute mal zu duschen?«

»Ja, mache ich. Aber nicht jetzt. Später.«

»Sie müssen aber duschen. Sie stinken!«

»Ahh, wirklich?«, fragt Marc und schaut uns mit großen Augen an.

»Ja, Sie stinken, und das macht einsam.«

Betreten schaue ich zu Boden, doch der Professor ist noch nicht fertig.

»Was halten Sie von einem Deal: Sie gehen duschen, und anschließend bekommen Sie die Tüte.« Er zeigt auf meine Tüte, die ich Marc mitgebracht hatte. »Aber nur wenn Sie geduscht haben.«

Gespannt warte ich auf Marcs Antwort. Ich hätte sie mir denken können:

»Okay. Danke, ciao.« Wir verlassen das Zimmer.

Abends wähle ich die Nummer von Thomas Bock. Er erzählt mir, dass Marc nicht geduscht hat und die Tüte deshalb erst mal noch nicht wiederbekommen hat. Er werde sie ihm allerdings morgen geben.

»Könnten Sie vorher das Mettwurstbrötchen in Alufolie entsorgen?«, frage ich. Wir müssen jetzt ja nicht noch eine Lebensmittelvergiftung riskieren.

Der Professor ist also auch nicht ganz konsequent und bringt die Tüte – ohne Mettwurstbrötchen – zurück. Auf meine Nachricht hin, dass mir Marc in dieser Situation doch sehr leidgetan hätte, antwortet er, dass es auch zu seinem Job als Psychologe gehöre, ab und an die Patienten zu provozieren. Zugleich gibt er mir zu verstehen, dass er den Stolz schätzt, wenn Patienten nicht auf solche Deals eingehen. Ich verstehe, was er meint. Und noch wichtiger: Ich vertraue ihm.

Während dieser ersten Wochen im UKE nehme ich noch einmal Kontakt zu Marcs Familienmitgliedern auf. Wenn sie sich schon nicht selbst bei mir melden, will ich sie zumindest über die aktuellen Fortschritte informieren. Und ich frage, ob sie mich eventuell in der Angelegenheit finanziell unterstützen würden. Zum Beispiel, um Zigaretten zu kaufen. Das ist das erste Mal, dass ich die Familie zum Thema Geld befrage, und sehr schnell bereue ich es. Die einstimmige Meinung ist: Marc verschwendet schon seit vielen Jahren Geld, er könne also zumindest anfangen, Selbstgedrehte zu rauchen, das sei schließlich billiger. Sein Bruder erklärt sich bereit, ihm ein paar Beutel Tabak zu besorgen. Aber ich bin mir nicht sicher, ob Marc überhaupt in der Lage ist, sich selbst Zigaretten zu drehen – seine Hände sind noch immer rot und geschwollen. Also versorge ich ihn weiter wie bisher und beschließe, Diskussionen mit der Familie aus dem Weg zu gehen. Der staatliche Betreuer ruft an, um sich bei mir nach Marcs Geschichte zu erkundigen. Er scheint mir fast schon verzweifelt, er hat rein gar nichts in der Hand. Es gebe keinen Ausweis, keine Information zur Krankenkasse, kein Konto, gar nichts.

»Ohne Personalausweis kann ich kein Hartz IV beantragen. Ich weiß gar nicht, wo ich anfangen soll«, klagt er.

Einige Tage später im UKE: Ich suche Marc und finde ihn im Hof. Beinahe hätte ich ihn nicht erkannt. Er trägt andere

Kleidung, ist rasiert, die Fingernägel sind geschnitten, und er trägt eine neue Norwegermütze.

Der erste wirkliche Erfolg! Noch weigert er sich, Medikamente zu nehmen, aber anscheinend konnten sie ihn überreden zu duschen.

»Wars schlimm?«, frage ich.

»Nee«, sagt er, »war okay.«

Ich schaue auf Marcs Füße, die jetzt in braunen Socken und Sandalen, Crocs aus Gummi, stecken, so wie die vieler Mitpatienten auch. Er sieht meinen Blick und zieht seine Füße nach hinten unter die Bank.

»Das hast du so gut gemacht. Und du schaffst noch viel mehr«, sage ich und gebe ihm spontan einen Kuss auf die Wange.

Marc wirkt kurz überrascht. »Okay, danke, ciao.«

Auf dem Weg zum Ausgang treffe ich einen der Pfleger und sage ihm, wie sehr ich mich freue, dass Marc endlich geduscht hat.

»Ja«, antwortet er, »aber es war harte Arbeit. Wir haben zu zweit vier Stunden benötigt und mussten ihm die Mütze samt Haaren vom Kopf rasieren.«

Jetzt wird mir schlecht.

Abgesehen davon sind das für mich alles große Fortschritte. Noch vor wenigen Wochen stand ich zu Hause um Mitternacht in der Küche und füllte Wärmflaschen mit heißem Wasser auf, weil ich nicht wollte, dass Marc erfriert, jetzt ist er in einer psychiatrischen Einrichtung, bekommt genug zu essen und zu trinken, und der üble Gestank ist erst mal beseitigt.

Aber eigentlich sind wir gerade erst am Anfang einer neuen Entwicklung. Professor Bock schlägt ein Familientreffen vor. Eine gute Idee, wie ich finde. Gemeinsam mit Marcs Vater und seinem Bruder, Thomas Bock, dem behandelnden Psychiater und mir vereinbaren wir einen Termin an einem Donnerstagmittag im UKE. Alle kommen. Nur der Vater sagt kurzfristig ab.

In einem kleinen Büro mitten im Bauch des riesigen UKE sitzen wir, zunächst ohne Marc, in einem Kreis zusammen. Der Bruder macht den Anfang, berichtet von den Klinikaufenthalten aus der Vergangenheit und den Medikamenten, die Marc verschrieben bekommen hat. Nach und nach entsteht eine Timeline, an der sich die Ärzte orientieren können. Drei Jahre lang war Marc ohne einen festen Wohnort, drei Jahre lang hat er keine Medikamente eingenommen. Seit einem Jahr ist er in Hamburg. Wo er vorher war, weiß niemand, selbst der Bruder kann nur mutmaßen.

Jetzt soll Marc selbst in die Runde dazugeholt werden, und nicht nur ich rechne fest damit, dass er darauf keine Lust hat. Umso erstaunter sind wir alle, dass er sich nicht verweigert, sondern auf einem der Stühle Platz nimmt und sogar ein paar Fragen beantwortet.

»Wie geht es Ihnen hier?«

»Ganz okay.«

»Sie leiden unter einer Psychose, das haben Sie doch verstanden, oder?«

»Ja, ja.«

»Verstehen Sie, warum Sie hier sind?«

»Ja.«

Ich leide mit Marc. Diese Situation muss gerade sehr hart für ihn sein. Er, der schon einen einzelnen Menschen nicht länger als zehn Minuten neben sich erträgt, sitzt hier mit uns, während alle Aufmerksamkeit auf ihn gerichtet ist. Aber ich sehe auch, dass er sich wirklich anstrengt.

Dann melde ich mich zu Wort und betone, dass die Körperpflege vor ein paar Tagen ein großer Schritt für Marc gewesen sei und außerdem ein Zeichen dafür, dass er sich wirklich bemühe, seine Situation zu verändern. Für meine aufmunternden Worte ernte ich ein allgemeines zustimmendes Nicken. Doch Marc ist hier noch nicht durch.

»Wir sind neugierig, wo Sie den letzten Winter verbracht haben.«

»In Amsterdam.«

»Wo genau?«

»Am Flughafen.«

»Ist es richtig, dass Sie während Ihres letzten Aufenthaltes in der Psychiatrie Medikamente bekommen haben, die Ihnen geholfen haben?«

Marc nickt.

»Wollen Sie es nicht doch noch mal mit Medikamenten versuchen? Clozapin war das, richtig?«

»Ja, ja.«

»Denken Sie, Sie wären bereit, das zu versuchen?«

»Vielleicht, so vierzig zu sechzig Prozent.«

Dann endlich wird er erlöst. »Ich denke, das war genug für heute«, sagt der Psychiater. Marc steht auf, geht zur Tür, hebt matt die Hand zum Abschiedsgruß, sagt »Ciao« und will gehen. Doch Professor Bock hält ihn zurück:

»Sie haben Ihren Bruder sehr lange nicht gesehen. Möchten Sie sich nicht von ihm verabschieden?«

Marc geht auf seinen Bruder zu, sagt: »Hey, ciao«, und verlässt den Raum.

Den Bruder scheint das nicht zu verwundern, er wirkt allerdings ebenfalls, als sei er froh und erleichtert, dieses Treffen hinter sich zu haben.


Es fällt mir schwer, mich an diese neue Umgebung zu gewöhnen. Jeder Gang über die Flure der geschlossenen Psychiatrie ist anfangs eine Herausforderung für mich. All diese Menschen in extremer psychischer Notlage, die Bilder schlimmster Selbstverletzungen, Zwangserkrankte, Depressive mit bereits fehlenden Gliedmaßen, weil der letzte Suizid nicht klappen wollte, Psychose-Patienten, die vor Panik schreien, weil der Flur angeblich radioaktiv verstrahlt ist. Aber auch die bereits mit Medikamenten ruhiggestellten Patienten, die zombiehaft langsam und abwesend über die Gänge schleichen. Mein Mitgefühl ist grenzenlos. Die Patienten scheinen das förmlich zu riechen. Häufig sprechen sie mich bei meinen täglichen Besuchen an, wollen wissen, wen ich besuche, und verwickeln mich in zum Teil absurde Gespräche.

Ein Mittdreißiger mit Pyjamaoberteil und Bermudashorts fängt mich im Flur ab und fragt nach einer Zigarette. Ich gebe ihm eine. Dass Zigaretten in der geschlossenen Psychiatrie eine große Rolle spielen, weiß ich inzwischen. Sparsam und mit Überblick werden sie sogar vom Pflegepersonal ausgeteilt, die wiederum Spenden von Tabakkonzernen erhalten.

»Wollen wir einen Kaffee trinken«, fragt er.

»Ja, warum nicht«, antworte ich. Ich habe es heute nicht sonderlich eilig, und mein Besuch bei Marc wird sicher wieder sehr kurz ausfallen.

Jetzt stehen wir nebeneinander im Innenhof, trinken Kaffee und rauchen. Der Mann scheint mir viel zu normal für diese Station.

Die Asche meiner Zigarette rieselt herunter und droht, die Bermudashorts des Patienten zu verunreinigen. Er springt auf, wischt hektisch über seine Beine und sagt:

»Das ist ganz schlecht, jetzt ist alles schmutzig.«

Anschließend berichtet er mir von seinen Zwängen und mehreren Suizidversuchen in der Vergangenheit. Niemals hätte ich ihn – auf den ersten Blick – für so schwer krank gehalten.

Manchmal sind diese Begegnungen auch ziemlich lustig. Ein jüngerer Typ mit meist zerzausten dunklen Haaren und leider ziemlich schwarzen Zähnen beginnt, mich »Cinderella« zu nennen, wenn er mich sieht. Ich mag ihn. Er ist immer gut gelaunt, was vermutlich zu seinem Krankheitsbild gehört, aber immerhin sorgt er damit für etwas Heiterkeit auf dieser Station. Eines Tages, inzwischen hat die Adventszeit begonnen, stürmt er zur

Begrüßung auf mich zu und erklärt mir mit weit aufgerissenen Augen:

»Zum Glück hatte ich noch etwas Koks bei mir! Das habe ich jetzt genommen.«

Mehr als ein lahmes »Aha« will mir nicht einfallen.

»Kokst du auch?«, fragt er mich.

»Ja klar«, sage ich, »den ganzen Tag.«

»Echt? Wie viel denn? 'nen Fuffi?«

»Nee, eher 'nen Hunni.«

Ich bin davon ausgegangen, dass er die Ironie versteht, doch stattdessen scheint er ernsthaft beeindruckt zu sein von meinem Konsum.

Als ich auf dem Nachhauseweg an dieses kuriose Gespräch denken muss, fühle ich mich schlecht. Mensch, Katja, du kannst doch nicht durch eine geschlossene Psychiatrie rennen und die Patienten verarschen! Obwohl, vielleicht musste das einfach mal sein, beruhige ich mich selbst. Vielleicht ist das meine Art, die Dinge nicht so dramatisch zu sehen, wie sie wirklich sind.

Und diese Sichtweise scheint mir allmählich wirklich zu helfen. An einem anderen Nachmittag im Innenhof der Geschlossenen sitze ich neben Marc auf einer Bank, als sich ein etwa zwanzigjähriger Patient zu uns gesellt. Er ist sehr mitteilungsbedürftig, offensichtlich völlig manisch und erklärt uns lachend, dass er gar nicht krank sei und gleich wieder abgeholt werde.

Marc blickt zu Boden, schwer zu sagen, ob er überhaupt richtig zuhört. Ich bin relativ entspannt, denn solche Monologe gibt es hier häufig zu hören. Als sich der junge Patient allerdings daranmacht, an einem der Regenrohre nach oben zum Flachdach des Gebäudes zu klettern, werde ich doch etwas nervös. Er hat bereits die Dreimetermarke erreicht, als ich versuche, meiner Stimme eine Mischung aus Kompetenz und Street-Credibility zu geben:

»Hey, Typ, komm sofort da runter!«

Kurz sieht er mich an, ein Grinsen in seinem Gesicht. Doch schließlich lässt er sich an der Rinne nach unten rutschen und landet direkt vor meinen Füßen. Marc sitzt immer noch völlig unbeteiligt auf der Bank. Auch diese Situation ist geklärt.

Die neuen Eindrücke in der Psychiatrie beschäftigen mich sehr, aber dennoch kehrt in Sachen Marc etwas Entspannung ein. Noch Wochen nachdem er abgeholt wurde, kreuze ich morgens auf dem Weg zur Arbeit die Wiese mit seiner Bank. Unwillkürlich sucht mein Blick nach ihm. Nein, er ist nicht mehr hier, er ist jetzt in Sicherheit. Ich beobachte mich selbst und erkenne, wie sehr mich diese Geschichte mitgenommen hat. Es wird seine Zeit brauchen, um das alles sacken zu lassen.

Marc scheint sich inzwischen eingelebt zu haben. Auch wenn er nach wie vor die meiste Zeit mit Mütze, Jacke und Schuhen im Bett liegt und an die Decke starrt. Irgendjemand scheint ihm in der Zwischenzeit eine zweite Norwegermütze organisiert zu haben. Marc hat sie, seiner eigenen Logik folgend, einfach über die andere Mütze gezogen. Also hat er jetzt zwei Mützen auf dem Kopf, was seine Erscheinung nicht unauffälliger macht. Und anscheinend war das mit dem Duschen nur eine einmalige Angelegenheit. So langsam fängt er wieder an zu stinken.

Bei einem anderen Besuch spricht mich sein behandelnder Psychiater an. Offenbar hat sich Marc darauf eingelassen, es wieder mit Medikamenten zu versuchen. Ich bin erleichtert, und anscheinend sieht man mir das auch an. Der Doktor schaltet in den Rückwärtsgang:

»Wir müssen natürlich erst mal abwarten, ob er überhaupt darauf anspricht.«

Mir ist das in diesem Moment egal. Jeder kleinste Schritt nach vorne ist für mich eine Belohnung.

Meine täglichen Besuche sind längst wieder zur Routine geworden. UKE statt Hundewiese. Meine Tüten für Marc sind jetzt nur noch ein lieb gewordenes Ritual. Die großen Pakete schmelzen zu kleinen Mitbringseln. Mal eine Dose Fanta und ein paar Gummibärchen, mal ein Smoothie und ein Schokoriegel. Die Pfleger kennen mich inzwischen, mit einigen unterhalte ich mich regelmäßig. Eines Tages stehe ich mit einer jungen dunkelhaarigen Pflegerin im Innenhof. Hinter einer runden Brille verbergen sich strahlende dunkelbraune Augen. Während wir so dastehen, hört man im Hintergrund qualvolle Schreie und hysterisches Gelächter, der ganz normale Sound der Geschlossenen. Wer hier arbeitet oder, wie ich, jeden Tag hier zu Besuch ist, gewöhnt sich bald daran.

»Ich finde es wirklich so großartig, wie ihr das hier macht«, sage ich und meine das vollkommen ernst.

Die Patienten auf dieser Station sind so schwer erkrankt, dass sie eingeschlossen werden müssen. Größtenteils zum Schutz vor sich selbst. Jeden Tag acht bis zehn Stunden hier zu verbringen, erscheint mir als wirklich herausfordernder Job. All diese schwer kranken Menschen im Akutzustand täglich zu beruhigen, ihnen freundlich zu begegnen, in bestimmten Situationen aber auch durchzugreifen – dafür braucht man wirklich starke Nerven.

»Das muss aber auch ganz schön hart sein, oder?«, frage ich die Pflegerin.

»Ja«, antwortet sie, »manchmal ist es das auch. Gleichzeitig aber total interessant.«

Aus einem der Zimmer schrillt ein greller Schrei. Die Pflegerin mit den wunderschönen Augen zieht an ihrer Zigarette:

»Ich liebe diesen Job.«

In diesem Moment bewundere ich sie von ganzem Herzen.

# 7. Balkon der Kanzlerin
Dezember 2017

Weihnachten steht vor der Tür. Auf das große Wunder brauche ich allerdings nicht zu hoffen, Marcs Zustand bleibt unverändert. Und trotzdem bin ich jeden Tag dankbar dafür, dass ich ihn nicht auf dieser Hundewiese besuchen muss, sondern ihn im warmen und sicheren UKE treffe.

Vor jeder Begegnung überlege ich, was ich heute ansprechen soll, wie ich Marc noch etwas mehr aus der Reserve locken könnte. An diesem Tag versuche ich, ihn dazu zu bewegen, mir einen Kaffee zu besorgen.

»Marc, ich bin kaputt, könntest du mir einen Kaffee aus dem Aufenthaltsraum holen?«, frage ich ihn, während er mit apathischem Blick auf seinem Bett sitzt.

Der Aufenthaltsraum ist etwa dreißig Meter von Marcs Zimmer entfernt, dort werden alle täglichen Mahlzeiten eingenommen, und ich halte diese Aufgabe selbst für Marc machbar. Aber anstelle einer Antwort ernte ich eisernes Schweigen.

»Marc, komm schon, du könntest mir doch mal einen Kaffee holen, bitte!«

Wieder keine Reaktion.

»Also gut«, sage ich, »dann gehst du jetzt mit mir zum Aufenthaltsraum und zeigst mir, wo der Kaffee steht.«

Widerwillig setzt er sich in Bewegung. Aber anstatt mich direkt zu dem Beistelltisch mit Kannen und Bechern zu führen, macht er im Vorbeigehen am Aufenthaltsraum nur eine vage Handbewegung zur Tür und läuft weiter Richtung Innenhof.

Leicht frustriert befülle ich mir einen der Klinikbecher und folge Marc damit in den Innenhof.

Ein paar Tage später. Auf der Station haben sie bereits Anfang Dezember gleich links am Eingang einen Weihnachtsbaum aufgestellt. Davor sitzt heute eine Patientin und wiegt ihren Oberkörper sanft vor und zurück. Eine irgendwie sehr friedliche Szene an diesem nur selten friedlichen Ort. Vor Marcs Zimmer angekommen, bleibe ich stehen und klopfe an die Tür. Von drinnen die wohlbekannte Stimme:

»Hallo?«

Ich trete ein. Der neue Zimmergenosse, ein junger Mann mit traurigen Augen und tiefen Aknenarben im Gesicht, steht wortlos auf und geht Richtung Tür.

»Hi«, sage ich zu ihm im Vorbeigehen. »Kommt ihr beiden miteinander klar?«

Er schaut abschätzig in Marcs Richtung.

»Das ist, als würde man neben einem Friedhof wohnen.« Dann schließt er die Tür.

»Habt ihr Geschenke bekommen?«, frage ich Marc. Vor seinem Bett steht ein bunt verpackter Karton.

»Ja, ein bisschen.«

Ich gebe ihm eine Flasche Apfelschorle.

»Danke.«

»Wollen wir rauchen gehen?«, frage ich.

»Nee, bin etwas müde.«

»Ah, na dann gehe ich wieder.«

»Okay, danke, ciao.«

Ein kurzer Besuch, selbst für unsere Verhältnisse. Während ich noch darüber nachdenke, öffnet sich plötzlich die Eingangsschleuse. Drei Polizisten bringen eine junge Frau mit blonden Haaren in die Notaufnahme, die wild um sich schlägt und dabei wüste Beschimpfungen von sich gibt. Kaum ist die Schleuse wieder geschlossen, lassen die Beamten die Frau los und gehen an mir vorbei zum Glaskasten, als sei das hier alles völlig normal. Jetzt erkenne ich, dass die junge Blonde einen Verband um ihren linken Unterarm trägt. Kreuz und quer rennt sie über den Gang, und ich weiß gar nicht, wohin mit mir in diesem Moment.

Am Tresen neben der Schleuse, hinter einer verschlossenen Glastür, steht eine Pflegerin, die ich nicht kenne. Schon leicht panisch, klopfe ich an ihre Tür, sie öffnet einen Spalt, und ich will mich zu ihr in Sicherheit bringen, doch sie sagt resolut: »Nein, das geht nicht«, und drückt mich zurück in den Flur.

Jetzt stehe ich also wieder im Gang, und noch immer ist diese Wahnsinnige am Toben. Aus einem der Zimmer höre ich ein lautes Scheppern, offenbar ist sie gerade dabei, dort Dinge auf den Boden zu schmeißen, und inzwischen empfinde ich die ganze Situation als ziemlich bedrohlich. Im Innenhof suche ich Zuflucht. Doch kaum bin ich dort, stürmt sie auch schon auf mich zu. Ich habe inzwischen wirklich Angst, möchte nur noch weg von diesem Ort, weg von dieser Frau, die sich in meinen Augen komplett wahnsinnig verhält. Jetzt steht sie vor mir, ihre Augen kreisen irre, und sie schreit:

»Ich will hier raus!« Dann, etwas weniger laut: »Gib mir eine Zigarette!«

Meine Hände zittern, als ich ihr meine angebrochene Packung hinhalte.

Sie stürmt weiter, und ich renne in die entgegengesetzte Richtung, zum hinteren Ausgang des Innenhofes und von dort auf direktem Wege in Marcs Zimmer. Dort angekommen, schließe ich die Tür hinter mir, setze mich ans Fußende seines Bettes und fange an zu heulen.

»Da war gerade eine Frau, die hat mir wirklich Angst gemacht. Die ist völlig wahnsinnig!«

»Na ja«, antwortet Marc gewohnt teilnahmslos, »jetzt bist du ja hier.«

Was hatte ich denn auch von ihm erwartet? Ich bleibe noch einige Minuten lang zitternd und heulend auf dem Bett sitzen und warte darauf, dass die Schreie im Flur endlich verstummen.

Als alles vorbei zu sein scheint, verlasse ich das Zimmer, schleiche vorsichtig zum hinteren Glaskasten und frage die Pfleger, ob ich nun bitte endlich gehen darf. Die Tränen laufen mir über das Gesicht, ich kann gar nicht mehr aufhören zu weinen.

»Jetzt kommen Sie erst mal zu uns und setzen sich einen Augenblick«, sagt einer der Pfleger und schiebt mir einen Stuhl zurecht. Ich heule immer noch und bin selbst überrascht, wie sehr mich diese schreiende Irre schockiert hat. Ist ja nicht so, dass ich das erste Mal auf einer geschlossenen Station wäre.

»Die Frau ist im Drogenwahn«, klärt mich der verständnisvolle Pfleger auf. »Sie ist jetzt im Ruheraum, die beruhigt sich bald wieder.«

»Aber warum haben Sie sie denn einfach hier herumrennen lassen?«, frage ich.

»Wir müssen ja erst mal sehen, wie sich ein Patient verhält, bevor wir einschreiten«, antwortet der Pfleger.

»Die hat mir wirklich große Angst gemacht.«

»Ja, natürlich. Sie sind das ja auch nicht gewohnt.«

Als ich mich wieder etwas beruhigt habe, verabschiede ich mich und gehe mit zittrigen Knien in Richtung Schleuse. Im Vorbeigehen kann ich die Blondine erkennen, wie sie, nun selbst heulend, im Ruheraum sitzt. Gefährlich wirkt sie jetzt tatsächlich nicht mehr.

Was hatte ich mir eigentlich davon versprochen, dass Marc nun nicht mehr auf der Straße lebt, sondern in Behandlung ist?

Dass sich um ihn gekümmert wird, klar. Dass er nicht mehr hungern und frieren muss, sich regelmäßig duscht und saubere Kleidung hat, logisch. Aber doch auch, dass er seine Krankheit in den Griff bekommt und der alte Marc zum Vorschein kommt. Wie auch immer der aussehen mag.

Doch ich muss mich in Geduld üben, denn sein Zustand bleibt weiter unverändert. Zumindest habe ich jetzt mehr Zeit, einige Themen wirklich zu besprechen, denn die Zeitfenster unserer Treffen werden immer größer. Er erträgt mich bzw. unser Zusammensein von Mal zu Mal länger, und ich habe festgestellt, dass er sich bemüht, sich noch mehr zu konzentrieren, wenn ich etwas mit ihm besprechen möchte.

»Soll ich dir eigentlich ein gebrauchtes Prepaidhandy besorgen?«, frage ich ihn beim nächsten Wiedersehen.

Marc denkt kurz nach und sagt dann: »Nee, ich glaube, das ist noch zu früh. Vielleicht später.«

Ich bin richtig stolz auf ihn. So eine Antwort wäre vor ein paar Monaten noch völlig undenkbar gewesen. Inzwischen ist er in der Lage, seine eigene Situation viel realistischer einzuschätzen. Und das ist sehr viel wert.

Einen Tag später bin ich wieder zu Besuch. Als ich Marcs Zimmer betrete, setzt er sich auf und schaut mich an.

»Hey, wie gehts?«, fragt er mich.

»Gut. Und dir?«

»Ganz gut. Also besser als gestern. Ich bin ein bisschen müde, aber das ist schon okay.«

Noch so eine Antwort, die mich erkennen lässt, dass sich allmählich etwas ändert. Viel aussagekräftiger als das immer gleiche »Super«, »Okay« oder »Geht so«. Außerdem sehen seine Augen klarer und wacher aus als sonst.

Im Innenhof rauchen wir noch eine Zigarette zusammen, dann verabschiede ich mich gut gelaunt. Es geht also doch aufwärts.

Im Flur treffe ich die junge Pflegerin mit der Brille, die ich so gerne mag.

»Ich glaube, Marc macht erste Fortschritte«, sage ich zu ihr.

»Ja, das ist uns auch aufgefallen! Er wirkt viel zugänglicher.« Ich bin sehr, sehr froh. Wie lange habe ich schon auf solche Nachrichten gewartet!

Zu Hause erzähle ich Frank und Paulina davon.

»Das ist schön«, antwortet Frank. »Toll, dass du das alles geschafft hast.«

»Nicht ich. Sondern Marc.«

Wenige Tage vor Weihnachten lädt uns Udos Plattenfirma zu einer privaten Feier in die Präsidentensuite des Hotel Atlantic. Nur der Meister selbst und die engsten Mitarbeiter sind da, ein Weihnachtsgeschenk zum Dank für die gemeinsame Arbeit an seinem neuen Album.

Die Suite ist Luxus pur, auf drei Zimmern verteilen sich Swarovski-Kronleuchter, edle Textilien und Hightech vom Feinsten. Es heißt, dass Angela Merkel hier übernachtet, wenn sie in Hamburg ist. Wladimir Putin übrigens auch. Die sind heute zum Glück nicht hier, also bedienen wir uns am exklusiven Büfett und trinken teure Weine aus teuren Gläsern.

Nach und nach werden alle – außer Udo – immer betrunkener, und mit dem Pegel steigt die Stimmung. In dem Trubel kippt eine Flasche des teuren Rotweins auf den sicher noch teureren Teppich im Salonzimmer. Was, bis auf mich, niemanden zu stören scheint. Ich gehe ins Badezimmer und versuche, mit dem mindestens achtlagigen Toilettenpapier den schlimmsten Schaden zu beheben. Recht erfolglos.

Später stehe ich mit Udos Produktmanagerin und seiner Visagistin auf dem großen Balkon, und wir schauen auf die Alster, in deren Mitte ein riesiger leuchtender Weihnachtsbaum steht. Wir stoßen an, die Champagnergläser klirren.

Die krassen Gegensätze des vergangenen Jahres gehen mir durch den Kopf. Meine verzweifelten Bemühungen um Marc, die matschige Wiese, die Besuche in der Psychiatrie auf der einen, die vielen Konzerte, Backstagepartys und Hotelaufenthalte auf der anderen Seite. Und heute Abend bin ich hier auf dem Balkon der Kanzlerin und genieße diesen Moment ganz bewusst.

# 8. Three Little Birds

Januar bis März 2018

Zu Beginn des neuen Jahres sitze ich mit Marc im Innenhof der Geschlossenen.

»Fühlst du dich hier eigentlich inzwischen einigermaßen wohl?«, frage ich.

»Ja, ja, es geht.«

»Und ich muss mir keine Sorgen machen, dass du hier irgendwann abhaust und wieder auf deine Bank zurückkehrst?«

»Nein, nein«, antwortet Marc und fragt dann: »Wer hat eigentlich dafür gesorgt, dass ich hier bin?«

Ich muss schlucken.

»Das war ich. Ich hatte große Angst, dass du erfrierst.«

»Ah, wirklich? Das warst du?«

»Ich hoffe, du bist nicht böse auf mich.«

»Nein. Ist schon okay«, sagt Marc.

Ich bin unendlich erleichtert – vor dieser Situation hatte ich mich bereits gefürchtet, als Marc noch auf der Wiese wohnte.

An seinem Tagesablauf hat sich nicht viel geändert. Noch immer liegt er von morgens bis abends in seiner Winterjacke und mit zwei dicken Mützen auf dem Kopf auf seinem Bett. Das Herumliegen wird nur unterbrochen von Zigarettenpausen im Hof und den täglichen Mahlzeiten.

»Wenn ich an der Tür klopfe und rufe, dass es Mittagessen gibt, ist er sofort da«, sagt einer der Pfleger zu mir. »Aber wenn wir ihn bitten, doch mal wieder zu duschen, müssen wir lange warten.«

Mitte Januar gehe ich den Gang entlang zu Marcs Zimmer. Eine Frau mit riesigen Brüsten, über denen ein offenbar selbst gebastelter Jesus-Anhänger am Silberkettchen baumelt, spricht mich an.

»Besuchst du Marc?«

»Ja, ich bin eine Freundin von ihm«, antworte ich.

»Ich bin Valentina«, sagt sie. »Marc ist so ein lieber Junge, und du bist so eine schöne Frau.«

Ich bedanke mich für das Kompliment und frage:

»Hast du Marc gesehen? In seinem Zimmer ist er nicht.«

»Nein, tut mir leid«, antwortet sie, »hast du im Aufenthaltsraum nachgesehen?«

Ich suche ihn auf der ganzen Station, kann ihn aber nicht finden. Also gehe ich zu den Pflegern im Glaskasten.

»Wisst ihr, wo Marc ist?«

»Nein, keine Ahnung«, antwortet einer der beiden, »irgendwo wird er schon sein.«

Ich drehe noch eine Runde durch die Station und werde dabei immer nervöser. Im Innenhof rauche ich noch eine Zigarette, und als ich gerade gehen will, steht plötzlich Marc vor mir.

»Hey, wo warst du denn?«, frage ich.

»Ach, bloß einen Kaffee trinken«, antwortet er.

»Wo denn?«

»Draußen beim Edeka. Sie hat mich begleitet.« Marc zeigt auf eine der jungen Pflegerinnen, die in einiger Entfernung über den Gang läuft.

»Ah, gut.«

Ich bin überrascht, wie unspektakulär das abgelaufen ist. Denn tatsächlich war das Marcs erster Ausflug außerhalb der Klinik, seit er hier eingeliefert wurde.

Ab und an frage ich ihn, ob er denn nicht wenigstens eine dieser Mützen absetzen könnte. So kalt ist es nicht, und außerdem sieht er damit komisch aus. Es ist jedes Mal das Gleiche: Er nimmt eine Mütze ab, aber wenn ich mich verabschiede und mich beim Gehen noch einmal umdrehe, hat er sie schon wieder übergezogen.

Dafür kann ich von Woche zu Woche beobachten, wie die Medikamente ihre Wirkung entfalten. Marc wirkt kaum noch verwirrt, dafür ist er jetzt unendlich langsam. Wie die meisten anderen Patienten schleicht er mit starrem Blick durch die Gänge. Wie ein Zombie. Die Neuroleptika nehmen den Patienten den Wahn, doch oft um den Preis der Verlangsamung. Die bei einer Psychose typischen Besonderheiten wie Konzentrationsschwächen, Antriebsarmut und so weiter werden nicht beseitigt. Die Regeneration kann länger dauern.

Auch auf mich haben die neue Umgebung und die tägliche Routine eine Wirkung. Ich gehe inzwischen vollkommen angstfrei mit den anderen Patienten hier um. Die Distanz zwischen mir und ihrer Krankheit nimmt ab, und so nehme ich sie einfach als Personen wahr, die ich entweder mag, nicht mag oder die mir egal sind. Ganz wie im »normalen« Leben. Für mich ist das eine schöne Erkenntnis, weil es auch eine Bestätigung dafür ist, wie viel ich in den vergangenen neun Monaten gelernt habe.

Am Abend schreibe ich mal wieder eine E-Mail an Professor Bock. Wir stehen längst im regen Austausch, und die virtuellen Gespräche sind sehr wichtig für mich geworden. Und ich glaube, auch für Thomas Bock.

Am 20.12.2017 um 21:01 schrieb katja.huebner@kommune-art.de:

Hallo Prof. Bock,
sosehr mich das alles mitgenommen hat, macht es mich
jetzt glücklich: Marc konnte nie jemandem die Hand geben,
gestern hat er mich mit ausgestreckter Hand begrüßt.
Ich habe sie genommen, er hat es ausgehalten.

Er fragt mich, wie es so läuft bei mir, und hört aufmerksam zu.
Er hat die Pfleger gebeten, sein altes Zimmer wiederzu-
bekommen, es sei dort heller, und er fühle sich dort wohler.
Sie haben es ihm ermöglicht.
Heute habe ich ihn gefragt, ob ich versuchen soll, ein
Handy mit Prepaidkarte für ihn zu besorgen.
Er hat nachgedacht und gesagt:»Nee, ich glaube, das ist
noch zu früh. Vielleicht später dann mal.«
Ich dachte, das freut Sie sicher auch.
HG
Katja Hübner

Zwei Stunden später schreibt er mir zurück:

Am 20.12.2017 um 23:05 schrieb Thomas Bock <bock@uke.de>:

Freut und rührt mich.
HG
Thomas

Anfang März, nach vier Monaten auf der geschlossenen Station,
wird Marc auf die offene Station im zweiten Stock verlegt. Hier
geht es deutlich ruhiger zu, die Patienten sind in der Regel bereits auf dem Wege der Besserung und dürfen die Station je-
derzeit verlassen, wenn sie eine kurze Notiz an der Abwesen-
heitstafel hinterlassen. Direkt neben dieser Tafel, am Schwarzen
Brett, hängt eine Liste, in der die Patienten eintragen können,
welches Mittagessen sie sich für die nächsten Tage wünschen.
Marc entscheidet sich fast ausschließlich für Nürnberger Rost-
bratwürste mit Sauerkraut und Kartoffelbrei. Wenn ich ihn damit
aufziehe, kann er inzwischen sogar darüber lachen.
    Er passt sich den neuen Gegebenheiten recht schnell an. Zwei-
mal die Woche wird ihm kognitive Verhaltenstherapie angeboten,

außerdem gibt es eine Sportgruppe und Ergotherapie. Ein Raum mit zwei Waschmaschinen und einem Trockner steht allen Patienten frei zur Verfügung. Im Eingangsbereich befindet sich eine Tischtennisplatte, im Speiseraum stehen ein Fernseher und ein Klavier. Wenn Marc will, kann er sich sogar die stationseigene Gitarre ausleihen. Alles in allem ist das ein Ort, an dem man es aushalten kann.

Allmählich kennen mich die Pfleger auch auf dieser Station. Wenn ich ausnahmsweise erst gegen Abend vorbeikomme, werde ich gefragt, ob ich am Abendessen teilnehmen möchte. Dann sitze ich mit Marc und den anderen Patienten im Speiseraum, die Tische sind zu Gruppen zusammengeschoben, jeweils sechs Patienten teilen sich eine Wurst- und Käseplatte, einen Brotkorb, ein Schälchen mit kleinen Butterportionen und eine Platte mit Tomaten, Paprika und Selleriestangen. Für den Nachtisch stehen Joghurtbecher bereit. Einige der Patienten beobachten mich zunächst skeptisch, doch den meisten scheint meine Anwesenheit nichts auszumachen.

Auch an seine wechselnden Zimmergenossen hat sich Marc bereits gewöhnt. Sein neuer Nachbar ist ein ziemlich verlotterter junger Mann namens Daniel. Auch er leidet an einer Psychose und kam offenbar direkt von der Straße auf diese Station. Im Gegensatz zu Marc ist er sehr extrovertiert, wahrscheinlich ein Symptom seiner Erkrankung. Er redet gerne und viel und besitzt einen Laptop, auf dem er sich entweder Musikvideos anschaut oder wirre Nachrichten an seine Facebook-Freunde verschickt. Ich weiß das, weil er sie mir regelmäßig vorliest, wenn ich Marc besuche.

»Stresst Daniel dich nicht?«, frage ich Marc bei einer Zigarette.

»Nee, ist schon okay«, antwortet er.

Am Montag nach diesem Treffen klingelt mein Handy. Es ist Marcs behandelnder Psychiater.

»Wissen Sie, wo sich Marc aufhält?«, fragt er mich.

»Äh, nein, wieso?«

»Er ist abgehauen und wird bereits seit vier Stunden vermisst.«
Panik breitet sich in mir aus. Meine Gedanken überschlagen
sich.

»Halt, warten Sie«, sagt der Arzt plötzlich, »da hinten sehe
ich ihn im Gang. Trotzdem danke. Ich lege jetzt mal auf und frage
nach, was war.« Das Gespräch ist beendet.

Große Erleichterung bei mir, aber verwirrt bin ich immer noch.
Ich sage meiner Kollegin Bescheid und fahre ins UKE. Auf dem
Weg zu Marcs Zimmer treffe ich den Psychiater. Er wirkt auf-
gebracht.

»Wo war er denn nun?«, frage ich ihn.

»Angeblich in Altona. Ich glaube, er hat dort am Bahnhof
geschnorrt.«

»Aha«, antworte ich verwundert, weil ich mir sicher bin, dass
das so nicht passiert ist.

Ich klopfe an Marcs Zimmertür.

»Ja, hallo?«

»Marc, wo warst du denn?«, frage ich ohne Umschweife.

»Äh, ich war nur in Altona auf dem Amt«, stammelt er. »Ist
das schlimm?«

»Ich habe mir große Sorgen gemacht.«

»Oh, sorry.«

Er nestelt an seiner Hosentasche und zieht einen gefalteten
DIN-A4-Antrag für einen Personalausweis heraus.

»Hier«, sagt er aufgeregt, »ich brauche ein Passbild und fünf-
undzwanzig Euro!«

Ich bin beeindruckt.

»Aber warum hast du denn nicht Bescheid gesagt, ich hätte
dich doch begleitet.«

»Professor Bock meinte doch, ich soll mich selbst um meine
Sachen kümmern«, antwortet er leise.

»Der Professor meinte eigentlich nur, dass du bei der Sozialarbeiterin nachfragen sollst«, sage ich. »Aber ehrlich gesagt finde ich es total super, dass du alleine losgegangen bist.«

Am 18.03.2018 um 20:33 schrieb
katja.huebner@kommune-art.de:

Lieber Thomas,
vorhin hat mich ein Arzt der Station angerufen und wollte
wissen, ob Marc evtl. bei mir ist, er sei weggelaufen und
bereits seit vier Stunden verschwunden.
Während wir sprachen, tauchte er aber plötzlich wieder auf.
Später im UKE habe ich ihn gefragt, wo er war.
Er ist mit dem Bus nach Altona gefahren und war auf dem
Einwohnermeldeamt.
Er hat mir auch die Formulare gezeigt und seine Notizen,
dass er ein biometrisches Passbild und 27,50 Euro braucht.
Ich habe ihn gefragt, ob sich denn nicht sein Betreuer
darum kümmern würde, er meinte, der hätte zwar gesagt,
dass er das macht, wäre aber seitdem nicht wiedergekommen.
Die Ärzte waren ziemlich sauer auf Marc, aber ich muss
gestehen, ich bin eher beeindruckt.
Er hat mir versprochen, dass er einen solchen Ausflug erst mal
nicht wieder macht.
Herzliche Grüße
Katja

Am 18.03.2018 um 20:48 schrieb Thomas Bock <bock@uke.de>:

Hallo Katja,
das sind sehr gute Nachrichten!
LG
Thomas

Marc will also die Dinge angehen. Sehr gut, denke ich und erstelle eine To-do-Liste. Für den Ausweis brauchen wir ein Passbild. Um das Konto einzurichten, brauchen wir den Ausweis. Den Hartz-IV-Antrag wollte der gesetzliche Betreuer stellen, damit wir anschließend nur noch den vorläufigen Ausweis nachreichen müssen. Wir beginnen mit den Passfotos.

»Marc, schaffst du es, mit mir in ein Fotostudio zu fahren?«

»Ja!« Er wirkt entschlossen.

Wir gehen gemeinsam zu den Pflegern, und ich frage, ob es okay wäre, wenn wir zusammen losfahren würden. Die Pflegerin mustert Marc.

»Kriegen Sie das hin? Nicht dass Sie ihr ins Lenkrad greifen oder so was.«

»Ja, das kriege ich hin«, antwortet er.

Ich bin sehr aufgeregt. Nach all der Zeit sitze ich zum ersten Mal mit Marc im Auto. Wie stressig ist das wohl für ihn? Die Frage der Pflegerin geht mir durch den Kopf.

»Marc, du musst dich anschnallen, sonst piept das hier die ganze Zeit.«

»Ja, okay.« Er schnallt sich an.

Schon an der ersten Ampel sage ich:

»Wenn dich irgendetwas stresst, sag bitte Bescheid, dann fahre ich rechts ran.«

»Ja, nee. Alles okay.«

Plötzlich fällt mir ein, dass Marc für ein biometrisches Passbild sicher seine Norwegermütze abnehmen muss.

»Wirst du es schaffen, nachher die Mütze abzunehmen?«

»Ja klar, kein Problem.«

Endlich ein Parkplatz. Wir betreten das Fotostudio.

»Wir bräuchten bitte Passbilder für einen Ausweis«, sage ich und deute auf Marc.

»Ja, natürlich gerne. Ziehen Sie doch bitte die Jacke aus und nehmen Sie die Mütze ab.«

Jetzt wird es spannend.

Marc zieht die Jacke aus, nimmt die Mütze ab, schaut in den Spiegel, fährt sich mit den Händen durch die etwas fettigen Haare und geht zu dem Fotografen. Fasziniert beobachte ich, wie er die Anweisungen befolgt. Ein bisschen freundlicher, bitte! Marcs Lippen lassen ein Lächeln erahnen. Es blitzt und blitzt und blitzt, und dann ist der Fotograf endlich zufrieden.

»Schauen Sie hier, diese würde ich empfehlen«, sagt er und tippt auf seinen Monitor.

Marc betrachtet die Fotos konzentriert.

»Ja, das ist okay«, sagt er und stülpt sich seine Mütze über.

In den nächsten Wochen versuche ich, mit Marc die To-do-Liste abzuarbeiten. Um Grundsicherung beantragen zu können, benötigt er noch einen Ausweis, und mit diesem Ausweis kann er dann ein Konto eröffnen. Deshalb heute also unser Ausflug zum Bezirksamt Eimsbüttel. Hoch in den ersten Stock, die Fahrt im Paternoster ist mir nicht geheuer, und jedes Mal wenn ich dieses Gebäude betrete, frage ich mich, warum ein offener Fahrstuhl aus Holz in unserem sonst so durchkontrollierten Land überhaupt noch erlaubt ist. Wir ziehen eine Marke und setzen uns in den Wartebereich.

»Das kann hier etwas länger dauern«, sage ich.

»Wie lange?«

»Keine Ahnung. Wir brauchen einfach nur Geduld. Es sind noch knapp zwanzig Nummern vor uns dran. Komm, wir gehen noch mal runter.«

Wieder eine Paternosterfahrt, gemeinsames Rauchen vorm Einwohnermeldeamt, zurück nach oben. Die Zeit zieht sich, Marcs Kopf sackt nach vorne. Plötzlich sagt er:

»Komm, lass uns gehen.«

»Nein«, antworte ich. »Wir halten das jetzt aus und warten, bis wir dran sind.«

Zwanzig Minuten später wird endlich unsere Nummer angezeigt. Wir nehmen Platz an Tisch fünf, und eine freundliche Dame fragt nach unserem Anliegen. Sie sucht in irgendeiner Datenbank nach Marcs Namen und erklärt dann, dass sein letzter Ausweis in den Niederlanden ausgestellt worden sei und man nun dort erst mal die entsprechenden Unterlagen anfordern müsse. Erst dann könne der Antrag für den Ausweis gestellt werden. Ich bringe Marc zurück ins UKE.

»Aber schau mal«, sage ich, »wie gut, dass wir das schon mal erledigt haben. Sobald die Unterlagen da sind, melden sie sich, und wir machen einen neuen Termin.«

»Ja, ja«, antwortet Marc. Er scheint davon nur wenig überzeugt.

Das war heute sehr anstrengend für ihn, aber er hat es ausgehalten, und das allein ist wieder ein kleiner Fortschritt.

Mein Freund Ole meldet sich. Er ist in Hamburg und feiert seinen Geburtstag bei einem Italiener auf dem Kiez. Als ich das Restaurant betrete, ist bereits alles voller bekannter Gesichter. Unter Oles Gästen befindet sich auch die Band Billy Talent, er ist schon lange mit den Musikern befreundet. Es wird ein schöner Abend mit reichlich Alkohol und lustigen Gesprächen. Ich komme erst spät nach Hause.

Am nächsten Tag im UKE. Wie immer berichte ich Marc, was in den vergangenen Tagen bei mir los war.

»Gestern war ich bei einem Italiener, ein Freund hatte Geburtstag. Billy Talent war auch da. Kennst du die?«

Marc starrt mich an. »Du warst mit Billy Talent essen? Ich bin ein großer Fan von denen!«

»Nein, also ich war auch da, nicht direkt mit Billy Talent, eher zufällig«, versuche ich, es zu relativieren, seine Begeisterung ist mir unangenehm.

Inzwischen hat sich Marc an unsere Ausflüge gewöhnt. Autofahrten und fremde Umgebungen scheinen ihn immer weniger anzustrengen. Im Gegenteil, ich habe das Gefühl, er genießt unsere Fahrten durch die Stadt und die Musik aus dem Radio. Nach unseren ersten kleinen Ausflügen drücke ich ihm eine bunt gemischte Auswahl CDs in die Hand. Von Bob Marley über Green Day bis hin zu Elton John, den Ramones, Jack Johnson, Amy Winehouse und Velvet Underground.

»Such dir was aus«, sage ich.

Den Haufen CDs im Schoß, betrachtet Marc jedes einzelne Cover und entscheidet sich schließlich für Jack Johnson.

»Okay«, sage ich, während ich die CD in den Player schiebe.

»Kennst du die Musik?«

»Äh, nein.«

Zu den entspannten Klängen hawaiianischer Surfmusik fahren wir durchs regnerische Hamburg.

Eines Tages finde ich Marc mit nur einer Mütze auf dem Kopf auf seinem Bett sitzend.

»Hey, das ist ja cool«, sage ich und zeige auf seinen Kopf.

»Ja, danke.«

Es geht also voran. Sehr zäh, aber immerhin.

Auf meine regelmäßigen Fragen, ob er irgendetwas braucht oder auf etwas Spezielles Lust hat, fällt Marc meistens keine Antwort ein. Doch eines Tages sagt er unvermittelt, dass er gerne mal zum Friseur gehen würde.

»Aha«, antworte ich erstaunt mit Blick auf seine Norwegermütze und muss mit einem leichten Grusel an die Geschichte mit den abrasierten Haaren denken. »Was soll der Friseur denn machen?«

»Einfach etwas trimmen, auch den Bart«, antwortet Marc.

Ich denke nach: Auf dem UKE-Gelände befindet sich auch ein Friseursalon, aber für mich ist das ein eher trauriger Ort. Zumindest in meiner Vorstellung lassen sich hier Patienten der Onkologie die letzten verbliebenen Haare entfernen. Andere, die zu schwach bzw. zu schwer krank sind, um das Krankenhausgelände zu verlassen, besuchen diesen Salon. Marc bekommt glücklicherweise keine Chemotherapie, und er ist gesund genug, um einen anderen Friseur zu besuchen.

»Okay«, sage ich, »lass uns am Samstag einen Ausflug machen.«

Am Neuen Pferdemarkt, ganz in der Nähe unseres Büros, gibt es einen alteingesessenen Friseur, der eine derart gemischte Kundschaft betreut, wie man es hier im Szeneviertel kaum noch kennt. Hier bekommen die alten St. Paulianer Damen noch eine waschechte Dauerwelle, die in den hippen Läden der Schanze völlig verpönt ist. Der etwa sechzigjährige Inhaber mit ergrauter Rockabilly-Tolle scheint unter den 2.0-Bartträgern eine Art Institution zu sein. So mischen sich im Schaufenster Hipster-Bartpflegeprodukte aus New York mit pinkfarbenen Kunststoff-Lockenwicklern und verblichenen Werbeschildern aus den Achtzigerjahren.

Da man hier keinen Termin benötigt, sondern einfach vorbeikommt und gegebenenfalls etwas warten muss, scheint mir dieser Laden genau der richtige für unsere Zwecke.

Samstag Morgen um elf hole ich Marc im UKE ab. Im Auto kramt er wieder nach einer CD. Heute soll es Bob Marley sein.

»Marc, du weißt, dass sie dir die Haare waschen werden und erst danach schneiden?«, frage ich ihn.

»Ja, weiß ich«, lautet seine monotone Antwort.

Na gut, er wird es schon aushalten, denke ich, und mein Blick zur Seite sagt mir, dass Marc für seine Verhältnisse heute recht gut gelaunt ist. Die Sonne scheint, und aus den Lautsprechern ertönt Bob Marleys »Three Little Birds«. Marc lässt das Beifahrerfenster herunter, steckt sich eine Zigarette an und stimmt plötzlich in den Refrain ein:

*Don't worry about a thing*
*'cause every little thing gonna be alright*
*Singing' don't worry about a thing*
*'cause every little thing gonna be alright …*

Wie passend. Mach dir keine Sorgen, denn alles wird schon irgendwie gut gehen. Augenblicklich bessert sich auch meine Laune. Aus einem »Ich fahre Marc zum Friseur«-Termin wird gerade ein großer Spaß. Ich stimme in seinen Gesang mit ein. Reggae in Hamburg. Und alles wird irgendwie gut werden.

Im Friseursalon begrüßt uns eine ältere, korpulente Dame mit hellblauer Schürze.

»Er braucht einen Haarschnitt, und der Bart soll gestutzt werden«, sage ich und deute auf Marc.

»Ist gut, setzt euch einen Moment, geht gleich los«, antwortet sie.

Wir sitzen auf zwei Plastikstühlen und beobachten von dort das Treiben im Salon. Ein tätowierter, vollbärtiger Endzwanziger mit etwas zu kurzen schwarzen Hosen und modischen Füßlingen in teuren Turnschuhen lässt sich gerade seinen Bart pflegen. Dieser Bart scheint mir eigentlich bereits recht gepflegt. Ich frage mich, ob es auch überpflegte Bärte gibt, und muss an all die warnenden Artikel über Haar- und Hautpflege denken. Direkt neben dem Bartträger sitzt eine ältere Dame, die gerade von der Frau mit hellblauer Schürze beraten wird. Ein Buch mit Haarsträhnen jeglicher Couleur wird begutachtet, besondere Beachtung scheint die Palette von Zartviolett bis Dunkellila zu finden.

»Hey, du bist dran.«

Ein junger Typ mit Nickelbrille und Zopf steht vor Marc.

»Ah, okay«, sagt Marc, steht auf, zieht sich die Mütze vom Kopf und hält sie mir wortlos entgegen.

Ich beobachte, wie er dem Friseur zum Platz vor dem Spiegel folgt und sich setzt. Mit gewohnt spärlicher Mimik scheint Marc ihm nun zu erklären, was zu tun ist. Der Friseur schnallt ihm einen Kunststoffumhang um und geht mit ihm zu einem der Haarwaschbecken. Marc lehnt den Kopf zurück und lässt sich anstandslos die Haare shampoonieren.

Danach geht es wieder zu dem Platz vor dem Spiegel, und der Friseur beginnt zu schneiden, während Marc konzentriert in den Spiegel starrt. Seine Miene lässt nicht erkennen, ob ihm das, was er sieht, gefällt oder nicht. Nachdem auch der Bart gestutzt ist, nimmt der Friseur den Schutzumhang ab und begleitet Marc zur Kasse. Ich gehe ebenfalls nach vorne, bezahle, und wir verlassen den Laden.

Direkt vor der Tür fragt Marc mich nach seiner Mütze und stülpt sie sich aufs frisch frisierte Haar.

»Das hat er echt gut gemacht«, sagt er.

»Ja. Sieht super aus.«

Bei einem meiner nächsten Kurzbesuche frage ich Marc:

»Willst du am Sonntag zu uns nach Hause zum Mittagessen kommen? Du müsstest mit der U-Bahn bis Sternschanze fahren, ich hole dich dort ab, und nach dem Essen bringe ich dich mit dem Auto zurück ins UKE.«

Marc schaut mich an und scheint zu überlegen.

»Okay.«

Am Sonntagmorgen stehe ich bereits um zehn Uhr in der Küche und bereite eine Lasagne vor. Paulina schläft noch, und Frank ist bereits um fünf zum Angeln aufgebrochen. Der Hackfleischgeruch ist mir um diese Uhrzeit etwas zuwider, aber ich versuche, ihn zu ignorieren. Um kurz vor zwölf klingelt mein Telefon. Es ist Marc.

»Ich bin jetzt gleich an der Sternschanze.«

»Okay, ich hole dich ab.«

In unserer Wohnung angekommen, begrüßt Paulina Marc im Vorbeigehen mit einem betont lässigen »Hey, Marc«, und ich sehe nach, was die Lasagne macht. Eine halbe Stunde wird sie noch brauchen.

»Willst du dich an meinen Laptop setzen?«

Marc schaut sich irgendwelche YouTube-Videos an, und ich decke schon mal den Tisch. Jetzt ist auch Frank wieder da. Mit der fertigen Lasagne in der Mitte setzen wir uns an den Tisch. Paulina und ich sind noch nicht so richtig hungrig, aber Frank und Marc scheint die Lasagne zu schmecken. Das Gespräch am Tisch ist etwas schleppend. Marc antwortet recht eintönig auf Franks Fragen. Wie es so geht und was er so treibt. Aber er antwortet und hält unsere Anwesenheit aus, und wir alle wissen, dass schon das ein großer Erfolg ist. Zum Nachtisch hole ich Eis aus der Gefriertruhe, und alle sind zufrieden.

Ich biete Marc an, ihn ins UKE zurückzufahren. Wir sitzen im Auto und kommen bei uns um die Ecke an Marcs Wiese vorbei. Er starrt konzentriert aus dem Autofenster.

»Soll ich anhalten? Wollen wir zur Bank gehen?«, frage ich.

»Ja, okay.«

»Komm, wir setzen uns kurz und rauchen eine Zigarette«, schlage ich vor.

Ich bin etwas aufgeregt, weil ich weiß, dass das hier für ihn gerade ziemlich krass sein muss. Wir sitzen auf der Bank, und ich frage:

»Wie fühlt sich das für dich jetzt gerade an?«

»Ist schon komisch. Und das Gras ist viel höher.«

Er drückt, wie früher, seine Zigarette an der Mülltonne neben der Bank aus, wirft den Stummel hinein und sagt:

»Lass uns mal wieder gehen.«

Nachdem ich Marc zurückgebracht habe, frage ich Paulina, welchen Eindruck sie von ihm hatte.

»Ach, ich finde den eigentlich nicht besonders auffällig«, sagt sie. »Bei uns an der Schule haben wir in jeder Stufe mindestens einen Soziopathen, der noch viel merkwürdiger drauf ist.«

Später schreibe ich Thomas Bock von den Erlebnissen dieses Tages. Es ist mir ein Bedürfnis, ihn an Marcs Leben teilhaben zu lassen.

Am 30.03.2018 um 18:28 schrieb
katja.huebner@kommune-art.de:

Juhuu!
Marc war heute bei uns zu Besuch. Er hat Frank begrüßt und auf meinem Laptop Musik gehört. Es war alles sehr entspannt.
Auf dem Rückweg habe ich ihm angeboten, an der Wiese vorbeizufahren.
Er wollte gerne anhalten und dort eine Zigarette rauchen.
Haben wir gemacht.
Diesmal sagte er, es sei wie in seiner Erinnerung, nur das Gras sei höher.
Stimmt:-), wird sicher demnächst gemäht.
Als wir wieder ins Auto eingestiegen sind, meinte ich, ich hätte nie gedacht, dass ich ihn mal von dieser Wiese mitnehmen können und er freiwillig ins Auto steigen würde.
Darüber hat er gelacht.
Er hat mich vorgestern auch gefragt, wer eigentlich dafür verantwortlich sei, dass sie ihn dort abgeholt und ins UKE gebracht haben. Ich habe ihm alles erzählt, er hat sehr aufmerksam zugehört.
Ich glaube, es hat sich alles gelohnt.
Herzliche Grüße
Katja

Am 30.03.2018 um 20:30 schrieb Thomas Bock <bock@uke.de>:

Hallo,
und ich war gerade eine Woche Rad fahren – die Oder
entlang bis Usedom.
Jetzt bin ich noch wegen einer Fortbildung in Berlin.
Dann wieder in der Klinik.
Im Herbst wird es hier eine kleine Tagung geben –
zur Situation von Obdachlosen und zur Frage ihrer (Nicht-)
Erreichbarkeit für (Psycho-)Therapie.
Kannst du dir vorstellen, dort zu berichten – von deiner
Erfahrung mit Marc und mit der Psychiatrie ...?
Wünsche dir eine gute Zeit – aus Köln (immer noch meine
Kindheit-zu-Hause-Stadt).
Mit herzlichem Gruß
Thomas

# 9. Satan ärgert Jesus

April bis August 2018

Einige Wochen später ist es geschafft! Wir haben Marcs Ausweis beantragt, einen vorläufigen bekommen und dem gesetzlichen Vormund eine Kopie geschickt.

Den endgültigen Ausweis können wir in zwei Wochen abholen und damit ein Konto eröffnen.

»Ich brauche einen Geldbeutel«, sagt Marc mit Blick auf seinen vorläufigen Personalausweis.

Die Aussage freut mich, denn normalerweise hat er keine Wünsche, es fehlt ihm schlichtweg an Ideen.

»Lass uns am Samstag zu Karstadt fahren, da kannst du dir einen aussuchen«, sage ich.

Währenddessen entpuppt sich der Kampf mit der Bürokratie als anstrengender als gedacht, vor allem da sich der offizielle Betreuer Marcs als wenig hilfreich erweist. Nach endlosen Telefonaten mit dem zuständigen Amt für Grundsicherung stellt sich heraus, dass bereits zwei Termine zur Abgabe einiger wichtiger Dokumente verpasst wurden und somit noch gar kein Antrag auf Hartz IV vorliegt. Die Dame am Telefon erklärt mir, dass sämtliche Leistungen gestrichen würden, falls der dritte festgesetzte Termin auch verpasst werden sollte.

Ich spreche mit der zuständigen Sozialpädagogin der Station, die mitteilt, dass auch die Station Schwierigkeiten habe, den Betreuer zu erreichen, um ihn zur gemeinsamen Behandlungskonferenz einzuladen. Nach weiteren vergeblichen Versuchen, ihn in Planungen miteinzubeziehen und vor allem um

Klarheit über die Sozialleistungen zu bekommen, informiert sie mich und Marc über die Möglichkeit eines Betreuerwechsels.

Obwohl Marc insgesamt eher teilnahmslos wirkt, antwortet er auf die Frage, ob er eine neue Person für die Betreuung möchte, mit einem klaren Ja.

Er muss noch ein Dokument unterschreiben, und der Antrag wird gestellt. Der Wechsel findet dann recht schnell statt, schon zwei Wochen später bekomme ich den Anruf einer freundlich klingenden Frau. Ob ich bereit wäre, mich gemeinsam mit ihr und Marc zu treffen? Ein paar Tage später erscheint sie zur verabredeten Zeit im UKE. Wir machen eine gemeinsame Bestandsaufnahme. Welche Anträge müssen gestellt werden? Welche Unterlagen fehlen? Ich bin positiv überrascht, wie beherzt sie sich der Sache annimmt. Schon einige Wochen später ist alles erledigt. So kann es also auch funktionieren.

Seit Marc in der Klinik untergebracht ist, hat er sehr zugenommen. Das mag zum Teil eine Nebenwirkung der Medikamente sein – sie unterdrücken das Sättigungsgefühl –, auf der anderen Seite isst er einfach ausgesprochen gerne.

Wir sitzen auf einer Bank vor dem UKE.

»Ich wurde heute gewogen«, sagt er mit monotoner Stimme. »Ich wiege über hundert Kilo, das ist wirklich viel.«

Jetzt muss ich lachen.

»Du isst aber auch unglaublich viel.« Marc lacht mit.

Aber so lustig ist das eigentlich nicht. Am Abend spreche ich mit Frank über Marcs Gewichtsprobleme und dass ich ihm gerne dabei helfen würde, auf seine Ernährung zu achten. Frank sagt:

»Er hat doch sonst nichts. Willst du ihm jetzt noch das Essen verbieten?«

Er hat ja recht. Dann also: Bewegung! Bei meinem nächsten Besuch stehen wir gerade rauchend vorm UKE, als ich ihn frage, ob er früher mal Sport gemacht hat.

»Ja, ja. Ich habe Tennis gespielt. Und Fußball.«

»Ich habe vor einem Jahr mit Tennis angefangen, wir könnten ja mal zusammen spielen.«

»Klar!«

Eine Woche später hole ich Marc auf der Station ab. Als ich
den Pflegern mitteile, dass wir jetzt Tennis spielen gehen werden, sehe ich große Verwunderung in ihren Augen.

Schließlich stehen wir auf dem Platz. Ich in Jogginghose und
T-Shirt, Marc mit Mütze und Jacke. Ich bin Anfängerin und
kaum in der Lage, den Ball sauber übers Netz zu schlagen. Marc
steht unter Medikamenteneinfluss, wiegt hundert Kilo und ist
kaum in der Lage zu laufen. Zum Glück ist an diesem Mittwoch-
mittag nur ein weiterer Platz belegt.

Unser Match ist erbärmlich. Wir treffen kaum einen Ball. Marc
steht stoisch auf einem Fleck und bewegt sich keinen Zenti-
meter. Uns gelingen kaum mehr als ein oder zwei Ballwechsel.
Doch dann gelingt ein toller Schlag, unerreichbar für mich landet der Ball in meinem Feld.

»Wow«, rufe ich, »das war ein super Schlag!«

Trotz seiner spärlichen Mimik kann ich erkennen, wie stolz
ihn das macht.


Da Marc inzwischen über eine EC-Karte und – dank Hartz-IV-
Nachzahlungen – über eine gewisse Summe auf seinem Konto
verfügt, gehören Einkäufe im Supermarkt neuerdings zu seinem Alltag. Oft begleite ich ihn, wenn ich am Nachmittag zu
Besuch bin. Sind wir dann im Laden angelangt, geht Marc zielsicher zuerst an der Kühltheke entlang, greift sich entweder einen
Ein-Kilo-Eimer Grießpudding oder eine 500-ml-Packung Vanille-
soße, um anschließend vor dem Süßigkeitenregal seine weitere
Auswahl zu treffen. Ich lasse ihn gewähren und warte geduldig, bis er alles zusammenhat. Heute jedoch hat Marc sich zu
den üblichen Milch- und Süßprodukten noch eine Familien-
packung Marshmallows ausgesucht. Wir packen die Einkäufe

in einen Beutel, Marc bezahlt, und wir machen uns auf den Rückweg.

»Marc«, beginne ich vorsichtig, »diese riesige Tüte Marshmallows kannst du auf keinen Fall auf einmal essen, das ist wirklich zu viel.«

»Ja, ja, okay«, antwortet er, aber das hört sich keineswegs überzeugt an.

Ich fahre nach Hause und versuche, mich mit dem Gedanken zu beruhigen, dass man an einer Überdosis Marshmallows vermutlich nicht stirbt.


Eines Nachmittags spricht mich die Sozialpädagogin der Station an und berichtet mir, dass Marc nächste Woche einen Vorstellungstermin in einer betreuten Wohneinrichtung in Rahlstedt habe, einem Stadtteil im Nordosten von Hamburg. Ob ich eventuell Zeit hätte, ihn dorthin zu bringen.

Das ist eine gute, gleichzeitig aber auch eine schlechte Nachricht, denn die Suche nach einer betreuten Wohneinrichtung hat sich bislang als ziemlich schwierig erwiesen. Die Sozialpädagogin hat mir bereits erklärt, dass die zentral gelegenen, begehrten Einrichtungen über endlos lange Wartelisten verfügen und man nun schauen muss, überhaupt noch einen Platz zu finden, da die Krankenkassen keine unbegrenzten Krankenhausaufenthalte bezahlen. Eigentlich hatte ich gehofft, Marc könnte im GPZE (Gemeindepsychiatrisches Zentrum Eimsbüttel) unterkommen, einem Wohnhaus mit hervorragendem Ruf. Das GPZE befindet sich mitten in Hamburg, keine zehn Autominuten vom Schanzenviertel entfernt, und ist auch mit öffentlichen Verkehrsmitteln perfekt angebunden. Die Aussicht, dass Marc nun eventuell nach Rahlstedt ziehen muss, in einen Vorort, der selbst mit der S-Bahn eine Stunde entfernt von mir ist, behagt mir gar nicht.

Gerade Psychose-Patienten sind auf die letzten verbliebenen Kontakte in ihrem Leben besonders angewiesen. Doch die angespannte Wohnsituation verbannt sie aus unseren Innenstädten, sie können es also entweder hinnehmen, derart isoliert zu werden, oder wieder freiwillig in die Obdachlosigkeit abtauchen.

Ich vertraue auf Marcs Genügsamkeit und hole ihn eine Woche später im UKE ab, um mit ihm nach Rahlstedt zu fahren. Wir sind einige Minuten zu früh und rauchen noch eine Zigarette, bevor wir am Empfang klingeln. Schließlich werden wir dort von einer freundlichen Mitarbeiterin empfangen und an einen kleinen runden Tisch geführt. Ein weiterer Mitarbeiter kommt dazu, beide schildern Marc die Bedingungen, Tagesabläufe und Angebote der Einrichtung. In einigen Wochen wird vermutlich ein Zimmer frei, ganz genau können sie uns das noch nicht sagen.

Anschließend begleiten sie uns zu dem eigentlichen Wohnhaus gegenüber, um Marc die Räumlichkeiten in einem der riesigen alten Gebäude zu zeigen, die von einem kleinen Park umgeben sind. Auf mich wirkt es wie eine ehemalige Kaserne. Wir betreten Haus drei. Hohe Decken, lange Gänge, düstere Atmosphäre, trotz oder gerade wegen der langen Neonröhren über uns. Es ist kein Mensch zu sehen, alle Zimmertüren sind verschlossen. Im Gemeinschaftsraum sitzen drei ältere Männer und starren auf einen Fernseher. Im oberen Stockwerk das gleiche triste Bild, allerdings ist hier der Fernseher kaputt. Im Flur steht ein offensichtlich ausgemusterter Lattenrost, die Wände sind spärlich bestückt mit alten Postern in Alurahmen. Eines der Plakate zeigt ein Schwarz-Weiß-Foto des Eiffelturms mit dem Datum einer Fotoausstellung von 1997. Auf einem anderen ist eine Blumenwiese zu sehen, die Farben sind – der Neon-Dauerbeleuchtung sei Dank – inzwischen eher pastellig.

Weil die Patienten in ihren Zimmern rauchen dürfen und das offenbar auch gerne tun, stinkt es im Gebäude wie in einer schlecht gelüfteten Raucherkneipe. Marc scheint sich darüber zu freuen.

Nach unserem Rundgang fragt die Mitarbeiterin, ob es Marc hier gefällt.

»Ja, doch, doch«, stammelt er, und wir verabschieden uns.

Auf dem Weg zurück zum Auto beugt Marc sich plötzlich herunter und sammelt zwei Zigarettenkippen von der Straße auf. Ich bin entsetzt und sage viel zu laut:

»Marc, was machst du denn da?«

Er sieht mich erschrocken an und hält mir die Kippen entgegen: »Ich wollte die nur aufheben und in den Müll werfen.«

»Oh, tut mir leid. Ich dachte, du wolltest sie rauchen. Früher hast du so was gemacht.«

Darüber müssen wir beide lachen.


Einige Tage später im UKE. Draußen herrschen noch immer sommerliche Temperaturen, inzwischen ist es August.

»Hey, wie gehts, Marc?«

»Alles gut.«

Wir laufen gemeinsam zum Edeka auf dem UKE-Gelände, Marc kauft sich ein Eis, ich bestelle mir einen Kaffee beim Bäcker. Mir fällt auf, dass Marc inzwischen wieder etwas zügiger läuft, die zombiehafte Langsamkeit scheint allmählich zu verschwinden. Direkt neben dem Aufzug, der uns nach oben in die offene Station bringen soll, befindet sich der Eingang zur geschlossenen Station.

»Können wir da mal klingeln?«, fragt Marc mit Blick auf den Anmeldeknopf.

»Was willst du denn da?«

»Nur mal schauen, wegen der Erinnerung.«

Ich wäge ab. Darf ein ehemaliger Patient die geschlossene Psychiatrie besuchen, nur um mal zu sehen, ob seine Erinnerungen stimmen? Ich entscheide mich für Ja und klingele.

»Hallo, wer ist da?« Ich kläre die Situation über die Gegensprechanlage, und anscheinend sitzt am anderen Ende ein Pfleger, der Marc und mich kennt: »Ja, na klar, kommt rein.« Wir gehen durch die Schleuse, es piept zweimal, und wir sind drin. Ich hatte vollkommen vergessen, wie drastisch hier die Sicherheitsmaßnahmen sind.

Auf dem Gang liegt eine alte, verwahrloste Frau mit ihrer Bettdecke und jammert leise vor sich hin. Wir gehen den Flur entlang, Richtung Glaskasten, vorbei an einer Frau mit langen dunklen Haaren, die ihre Arme Richtung Decke gereckt hat und irgendwelche Choräle singt. Die Pfleger im Glaskasten werden von mehreren Patienten belagert, die ihre Anliegen vorbringen möchten.

Wir gehen durch die Tür in den Innenhof. Auf dem gepflasterten Weg liegt ein rosa Krankenhaushemd.

»Lass uns eine rauchen«, sagt Marc. Wir setzen uns auf eine Bank.

Plötzlich kommt die singende Frau in den Hof, entdeckt das Hemd auf dem Boden, geht feierlich darauf zu und hebt es auf. Sie hält es nun in beiden Händen, hebt es gen Himmel, als sei es eine Opfergabe, und beginnt, wieder zu singen. Ich muss kichern und kann gar nicht mehr aufhören.

»Entschuldige, Marc, ich habe völlig vergessen, wie irre die hier alle sind.«

Marc schaut unbeteiligt geradeaus. Nach einer Weile sagt er:

»Komm, lass mal wieder gehen.«

Draußen vor dem Aufzug frage ich ihn, ob es so war wie in seiner Erinnerung.

»Nein«, antwortet Marc, »ist ganz schön runtergekommen.«

Wieder einmal sitze ich mit Marc in der Cafeteria im Erdgeschoss der Psychiatrie. Valentina, die junge Frau mit dem selbst gebastelten Jesus-Anhänger, kommt dazu und fragt uns, ob sie sich setzen darf. Sie erzählt, dass sie immer wieder Jesus sehe und der wiederum von Satan bedroht werde. Das sei grauenhaft. Sie möchte nicht, dass Satan Jesus etwas antut.

Ich mache einen großen Fehler und sage:

»Satan gibt es doch gar nicht.«

Marc schaut betreten zu Boden. Vermutlich weiß er, was jetzt passieren wird. Valentina schüttelt sich und schreit mit ihrer hohen Stimme:

»Was denkst du? Ich bilde mir das nicht ein! Satan ist böse, du weißt einfach nichts!«

»Es tut mir leid«, murmele ich, während sie wutentbrannt den Innenhof verlässt.

Ich bewege mich auf dünnem Eis. Wie oft habe ich Thomas Bock gefragt: Darf ich hier einfach so ohne Fachwissen durch die Psychiatrie rennen? Darf ich Marc Ratschläge erteilen, die ein Psychologe niemals geben würde? Und jedes Mal hat mir Thomas geantwortet:

»Du stehst im echten Leben, verschiedene Sichtweisen können nur gut sein. Du machst nichts kaputt.«

Aber nach so einer Szene wie der mit Valentina bin ich mir da nicht so sicher.


»Hör mal, wollen wir am Sonntag zusammen essen gehen?«, frage ich Marc bei einem der nächsten Besuche. »Ich könnte dich um elf Uhr abholen. Wir fahren irgendwohin, und danach bringe ich dich zurück.«

»Ja, okay.«

Da ich inzwischen weiß, dass Marc die deutsche Küche liebt, sind wir am Sonntag auf dem Weg in den »Ponyhof«, eine typische deutsche Touri-Gaststätte mitten im Wald. Doch ganz so einfach wird es uns nicht gemacht. Die Stadt ist voll, wir sitzen bei dreißig Grad Außentemperatur im Auto, Marc mit Mütze und Jacke. Kilometer um Kilometer quälen wir uns durch den Stau. Irgendwann kippt Marcs Kopf nach vorne. Ich sage:

»Schlaf ruhig. Ich wecke dich, wenn wir da sind.«

Endlich geschafft. Was ich allerdings nicht bedacht hatte: dass wir an einem Sonntagmittag bestimmt nicht die einzigen Gäste im Ponyhof sein werden. Ganze Busladungen haben heute das gleiche Ziel. Marc will drinnen sitzen, wie immer.

»Entschuldigung, können wir endlich bestellen?«

Ein erster Versuch, die Sache etwas zu beschleunigen. Marcs Kopf kippt schon wieder nach vorne.

»Was willst du essen?«, frage ich mit Blick auf die Karte. Ich rechne mit Schnitzel und Pommes, aber Marc deutet entschlossen auf die Schweinshaxe.

Ich muss kurz schlucken, Haxe ist nicht unbedingt die empfohlene Kost bei Übergewicht, aber wie Frank schon sagte, er soll sich doch wenigstens am Essen erfreuen. Wir bestellen.

»Es kann etwas dauern«, sagt der Kellner. Die Busladungen haben Hunger.

So sitzen wir da und warten. Marc mit seiner Norwegermütze, leicht eingedöst, um uns herum irritierte Gäste. Ich tippe auf meinem Handy herum und habe die ganze Zeit Angst, dass er gleich vom Stuhl kippt, wenn er richtig einschläft.

Endlich kommt die Schweinshaxe. Ich mühe mich ab mit meiner Backkartoffel und sehe besorgt zu, wie Marc sich – wie immer – viel zu große Portionen der Schweinshaxe in den Mund schiebt.

Schließlich bezahle ich, wir gehen zum Auto und sind wieder in Sicherheit.

»Marc, schlaf einfach, ich bringe dich zurück ins UKE.«

Er lehnt sich erlöst in den Autositz und schläft sofort ein.

Einige Tage später klopfe ich an seiner Zimmertür und höre kurz darauf das gewohnte »Ja, hallo?«. Ich trete ein und sehe Marc ohne Mütze auf seinem Bett sitzen.

»Oh«, sage ich. Mehr fällt mir im ersten Moment nicht ein.

»Wollen wir zusammen runtergehen?«, frage ich schließlich.

»Ja, okay«, antwortet er, steht auf und geht Richtung Tür. Eigentlich hatte ich damit gerechnet, dass er vorher seine Mütze wieder aufsetzt, aber er scheint sie nicht mehr zu brauchen.

Am 23.08.2018 um 20:44 schrieb
katja.huebner@kommune-art.de:

Lieber Thomas,
wir sind langsam, aber stetig:
Seit heute keine Mütze mehr, er will zum Zahnarzt, haben jetzt
eine Wochenliste Mo bis So: Zähne putzen morgens/abends,
er macht Häkchen. Duschen geht jetzt auch.
Er wäscht seine Wäsche, hängt sie auf und faltet sie
zusammen.
Schlagzeug-Termin steht noch aus, wird aber klappen.
Im September kommt die Mutter, falls er dann noch im UKE ist,
fände ich es interessant, wenn du sie kennenlernen könntest.
Mir selbst geht es super, mache endlich wieder Sport. Tochter
erscheint mir gut & lustig, im Juli bin ich mit ihr und ihrer
Freundin in der Toskana beim Summer-Festival nahe Lucca.
Herzlichst
Katja

Am 23.08.2018 um 21:10 schrieb Thomas Bock <bock@uke.de>:

Liebe Katja,
habe Marc neulich draußen gesehen, ohne dass er mich
gesehen hat: freundlich zugewandt zwei etwas älteren
Damen.
Freigiebig mit Zigaretten und sehr charmant ...!
Würde ihn gerne weiterbetreuen, auch wenn er nicht mehr
stationär ist.
Da geht ja i. d. R. mein Job erst los ...
Was ist das für ein Festival in Lucca?
HG
Thomas

Immer wieder überlege ich, wie ich Marc aus seiner Isolation herauslocken kann. Hin und wieder spielt er was auf der Gitarre, die sie ihm zur Verfügung gestellt haben. Aber eigentlich sei er ja Drummer, betont er immer wieder. Also überlege ich mir, wo ich ihm die Möglichkeit verschaffen könnte, am Schlagzeug zu üben.

Einige Tage später bin ich beim Hamburger Label »Clouds Hill« zu einem Showcase eingeladen. Es spielen drei Bands, ich treffe einige Freunde aus der Musikbranche und habe einen schönen, bunten Abend. Als es langsam ruhiger wird und die ersten Gäste sich verabschieden, gehe ich zu Johann, dem Labelchef und Besitzer der dazugehörigen Produktionsfirma. Ich fasse Marcs Geschichte auf das Notwendigste zusammen und frage, ob es eventuell denkbar wäre, dass er hier einmal Schlagzeug spielt.

»Ja klar, kein Thema«, antwortet Johann. »Ich gebe dir den Kontakt von Sebastian, unserem Sound Engineer, der macht einen Termin mit euch aus.«

Schon eine Woche später fahren wir gemeinsam nach Rothenburgsort. Marc war so schlau, sich einen kleinen Discman und einige der CDs mitzunehmen, die ich ihm gegeben habe. Er darf sich sein Drumset selbst zusammenstellen, Sebastian hilft uns beim Aufbau. Marc nimmt Platz, schaltet seinen Discman an und beginnt zu trommeln. Ich sitze auf dem Fußboden, mit dem Rücken an die Wand gelehnt, und höre zu. Es klingt erstaunlich professionell, und Marc wirkt sehr selbstsicher. Nach ungefähr einer halben Stunde steht er auf, schaut mich an und sagt:

»Ich glaube, das reicht für heute.«

Über all diese Aktivitäten halte ich Professor Bock per Mail regelmäßig auf dem Laufenden. Gleichzeitig löchere ich ihn aber auch immer wieder mit Fragen und berichte von meinen Sorgen. Im Laufe der vergangenen eineinhalb Jahre, seit unserem ersten Kontakt, haben wir uns sehr viele E-Mails hin und her geschrieben, und ich bin immer wieder überrascht, dass er mir stets sofort geantwortet hat. So ist er nicht nur für Marc, sondern auch für mich unverzichtbar geworden. Gleichzeitig wird er nicht müde zu betonen, wie wichtig ich für Marc bin und wie selten so eine besondere Beziehung sei.

Am 28.08.2018 um 20:12 schrieb
katja.huebner@kommune-art.de:

Lieber Thomas,
zwischenzeitlich denke ich immer wieder, es tut sich nichts mehr, aber dann bin ich wieder erstaunt über die Fortschritte. Die Mimik hat sich endlich verändert, er spricht viel mehr. Abgesehen von einem völlig überhitzten Büro geht es mir gut. Die Marc-Geschichte ist für mich inzwischen mehr Freundschaft als Drama, und das spürt auch meine Familie. Verrückt, dass Marc mich inzwischen fragt: Wie geht es Paulina? Was macht Frank? Wie war es auf der Arbeit?
Er antwortet immer absolut ehrlich, also halte ich es genauso. So sind unsere Gespräche auch für mich gut. Ich erzähle täglich, er merkt sich vieles und fragt auch nach.
Viele liebe Grüße
Katja

Am 28.08.2018 um 20:55 schrieb Thomas Bock <bock@uke.de>:

Hallo,
freue mich, von dir zu hören. Gute Neuigkeiten. Vor allem eure Ehrlichkeit.
Bin gerade für fünf Tage in Triest bei Lotta, meiner älteren Tochter.
Mit herzlichem Gruß
Thomas

Sehr häufig war ich auch schon bei Thomas im Büro, und jedes Mal hat er sich die Zeit genommen, mir einen Kaffee zu machen, ganz egal, wie hektisch es auf seiner Station zuging. Dabei wurden unsere Gespräche immer persönlicher, längst sind wir per Du. Ich habe in meinem Leben selten jemanden kennengelernt, der mich so sehr berührt wie dieser Mann. Die Art und Weise, wie er über seine Patienten spricht, seine ehrliche Liebe zu psychotischen Menschen und ihren spannenden Welten beeindruckt mich. Natürlich ist mir immer bewusst, dass ich einem Psychologen gegenübersitze, der in unseren Gesprächen auch mich studiert. Aber das ist mir egal, ich habe nichts zu verbergen. Im Gegenteil. Oft frage ich ihn Dinge wie: Was denkst du darüber? Oder: Warum tue ich das hier? Ich fühle mich von ihm zu hundert Prozent angenommen, und vermutlich ist das eine für Psychologen sehr entscheidende Voraussetzung.

Manchmal erzählt mir Thomas auch von sich und seiner Erfahrung aus vierzig Jahren Psychiatrie. Eine Geschichte handelt von Dorothea Buck, seiner, wie er sagt, wichtigsten Lehrerin. 1936 erkrankte diese Frau mit gerade einmal siebzehn Jahren an Schizophrenie und musste die menschenverachtenden Praktiken der damaligen Nazipsychiatrie über sich ergehen lassen. Sie wurde zwangssterilisiert und musste miterleben, wie andere Patienten Opfer der damals üblichen »Euthanasie« wurden.

Im Oktober 2019 erschien darüber eine Geschichte auf *Zeit Online*.* Die Autorin Sigrid Neudecker zitiert da aus Bucks Biografie: »Seit dem Ende der Fünfzigerjahre arbeitete ich als Bildhauerin an öffentlichen Aufträgen, die nur durch Wettbewerbe zu gewinnen waren, und hätte meine ungeteilte Aufmerksamkeit für meine Arbeit gebraucht. Doch die verdrängten

---

* https://www.zeit.de/hamburg/2019-10/dorothea-buck-tot-nachruf-national sozialismus-psychiatrie-bildhauerin-hamburg

Patientenmorde und die Unmenschlichkeit unserer Anstalten beeindruckten mich so tief, dass es mich immer wieder von der künstlerischen Arbeit weg an die Schreibmaschine drängte. In meiner künstlerischen Arbeit ging es mir um die Beziehungen der Formen und Gestalten zueinander; die Beziehungslosigkeit der Psychiater zu ihren Patienten widersprach allem Menschlichen, ohne das es für mich keine Kunst geben kann.«

Frau Buck, erfahre ich, wurde zur »Ikone der deutschen Psychiatrieerfahrenen-Bewegung« und schrieb »ein Theaterstück über die NS-Morde an Psychiatriepatienten und behinderten Menschen, verfasste Aufsätze, hielt Vorträge und schrieb Briefe an Politiker, um sich für eine humanere Psychiatrie einzusetzen«. *Zeit*-Autorin Neudecker schreibt: »1989 gründete sie mit anderen Betroffenen den Bund der ›Euthanasie‹-Geschädigten und Zwangssterilisierten, im selben Jahr begann sie, mit dem Hamburger Psychologen Thomas Bock sogenannte Psychose-Seminare zu entwickeln, bei denen Betroffene, Angehörige und Profis zusammenkommen. ›Die Begegnung inklusive der Angehörigen, also der Trialog, war unsere gemeinsame Idee‹, sagt Bock heute. Der Professor für klinische Psychologie und Sozialpsychiatrie sieht in der vermutlich letzten Überlebenden der NS-Psychiatrie eine bedeutende Aktivistin mit Wirkung über die Psychiatrie hinaus: ›Sie war eine beeindruckende Künstlerin, doch der Kampf für eine menschlichere Psychiatrie war ihr wichtiger.‹«

»Im Frühjahr war ihr hundertzweiter Geburtstag; ich besuche sie regelmäßig, und immer noch gibt sie mir Aufträge«, sagt Thomas.

Aber er erzählt mir auch von Gesprächen mit Patienten, was er gelernt hat und wie sich Menschen im psychotischen Zustand fühlen könnten: wie dann das Innen und Außen miteinander verschmelzen, innere Dialoge zu äußeren werden und alle Ereignisse ungefiltert wahrgenommen werden. Wie schutzlos Betroffene sind, aber auch wie in Psychosen Verdrängtes sichtbar wird.

»Wir können Hilfe anbieten«, erklärt er mir, »aber wir müssen nicht jeden ›normal‹ machen. Oft nehmen Psychose-Erfahrene auch Wahrheiten anders wahr, die Umweltzerstörung, die Kriegsgefahr, die Großstadthektik, und wir Normalos sind die, die vieles ausblenden, um funktionieren zu können.«

Mich beeindruckt dabei vor allem seine unerschütterliche Liebe zu seinen Patienten.

»Nächstes Jahr gehe ich in den Ruhestand«, sagt er, während wir gemeinsam auf einer Bank vor dem UKE sitzen.

Ich erkenne die Trauer in seinen Augen und versuche zu beschwichtigen:

»Du hast so viele Bücher geschrieben, du bist auf Kongressen unterwegs – du bist der Letzte, der nichts mit seiner Zeit anzufangen weiß.«

»Ja, aber das Interessanteste in meiner Arbeit sind doch die Psychose-Erfahrenen.«

»Gibt es denn eigentlich Patienten, die du nicht magst?«

»Eigentlich nicht. Jede Psychose ist einmalig, jede einzelne ist spannend. Aber meine spannendsten Patienten sind die, die sich verweigern, die auf ihre besondere Art mit der Erkrankung ringen, ein eigenes Verständnis entwickeln und oft zwar die Medikamente nicht annehmen wollen, aber durchaus andere Hilfe brauchen.«

»Meinst du das ernst?«

»Ja, absolut.«

Darüber muss ich nachdenken. Der Abschied wird ihm vermutlich wirklich sehr schwerfallen.

»Aber wir beide bleiben in Kontakt, wenn ich in Rente bin?«, fragt er mich.

»Ja, natürlich tun wir das«, antworte ich.

# 10. St. Pauli vs. Bayern München

September bis Dezember 2018

Ende September fährt Frank für zehn Tage in ein Wüstencamp in der Westsahara. Die Tour wird begleitet von einem Champion der Angelszene. Dort wollen sie gemeinsam auf die Jagd nach der großen Gabelmakrele gehen. Ich bin derweil etwas genervt. Paulina hat Herbstferien, und ich habe Stress im Job, wie immer um diese Jahreszeit. Reeperbahnfestival, Weihnachtsgeschäft, alles kommt zusammen, meist bleibt mir in diesen Wochen nichts anderes übrig, als auch am Wochenende zu arbeiten. Aber dafür kann ja meine Familie nichts. Also wünsche ich Frank viel Spaß in der Wüste und meiner Tochter entspannte Ferien. Marc erkläre ich, dass ich gerade wenig Zeit habe.

»Ich komm schon klar«, sagt er und fragt mich überrascht: »Du musst auch am Wochenende arbeiten?« So viel Empathie seinerseits erstaunt mich. Das kannte ich bislang nicht von ihm.

Frank meldet sich aus der Sahara. Das fünfköpfige Team besteht aus vier YouTubern plus Frank, der noch nicht mal einen Facebook-Account hat. Alle anderen tragen GoPros bei sich und sind die ganze Zeit am Filmen. Er schreibt: »Hier wird jedes Essen fotografiert. Die sind nur hier, um das alles bei YouTube zu posten!« Jetzt tut er mir ehrlich leid.

Nach seiner Rückkehr hole ich ihn am Flughafen ab, und ich kann spüren, wie sehr er sich auf zu Hause freut. Seine Enttäuschung über den missglückten Angelurlaub kann ich gut verstehen. Dass er sich alles noch mal bei YouTube angucken kann, ist dabei kein Trost.

Am nächsten Tag ist Frank krank. Durchfall, Fieber, Bauchkrämpfe. Mittags rufe ich ihn vom Büro aus an. Normalerweise ist er ein leidensfähiger Typ, aber er hört sich richtig schlecht an, und das macht mir nun doch Angst. Trotz Herbststress fahre ich nach Hause, um nach ihm zu sehen. Dort finde ich ihn in gekrümmter Haltung auf dem Bett liegend. Er hat hohes Fieber.

»Wenn das morgen noch so ist, fahre ich ins Tropeninstitut«, stöhnt er.

Ich gehe in ein anderes Zimmer und rufe genau dort an:

»Mein Freund war in der Westsahara, jetzt hat er starken Durchfall und Fieber. Was machen wir denn jetzt?«

»Am besten fahren sie ihn sofort in die Notaufnahme des UKE«, rät man mir.

Ich bedanke mich und lege auf.

»Frank, du musst ins Krankenhaus!« Er will nicht. Aber ich. Also fahren wir.

Angekommen in der Notaufnahme, sagt Frank nur »Westsahara« und »Durchfall«, bekommt sofort einen Mundschutz verpasst und wird in einen separaten Behandlungsraum gebracht. Dort liegt er nun am Tropf, hält meine Hand und sagt, wie sehr er mich liebt. Ich will hier eigentlich nur noch weg, mir ist das alles zu viel. Als er langsam wegdämmert, flüstere ich ihm zu, dass ich nur kurz rausgehe, um eine zu rauchen. Die frische Luft tut mir gut.

Nach wenigen Zügen kann ich durch die Glasscheibe Frank erkennen, der sich mit gequältem Gesichtsausdruck, den Tropf neben sich herschiebend, in Richtung öffentliche Toilette bewegt. Hat die Notaufnahme etwa ein logistisches Problem? Später muss ich auch auf die Toilette, und nie zuvor in meinem Leben habe ich mehr auf Handhygiene geachtet als an diesem Ort.

Ich bin nun schon seit sechs Stunden in der Notaufnahme. Durch die Tür beobachte ich eine junge Borderlinerin, die ich aus der Psychiatrie kenne und die sich immer wieder ritzt. Sie will genäht werden. Völlig entspannt geht sie nach hinten durch, so etwas scheint in der Notaufnahme zum Alltag zu gehören.

Irgendwann rufe ich Marc an:

»Frank geht es schlecht, er ist jetzt auch im UKE.«

»Oh, machst du dir Sorgen?«

»Ja, ich mache mir große Sorgen.«

Später am Abend bekommen wir schließlich die Information, dass Frank im Krankenhaus bleiben muss. Ich gebe Paulina Bescheid und fahre nach Hause. Es ist kurz nach zehn Uhr abends.

Am nächsten Tag wird Frank auf die Isolierstation des Bernhard-Nocht-Instituts im UKE verlegt. Ich werde durch die Notaufnahme geschickt. Auf den Fluren liegen Matratzen, auf eine ist eine ältere Frau gebettet, die mich flehend anschaut. Nie hätte ich gedacht, dass in einem deutschen Krankenhaus solche Zustände herrschen könnten.

Im Institut angekommen, frage ich nach Franks Zimmernummer und bekomme erst mal genaue Anweisungen, wie ich mich hier zu verhalten habe. Frank liegt in Quarantäne, also muss ich mit Mundschutz, Handschuhen, einem Ganzkörper-Plastikanzug und einem Kunststoffhäubchen durch eine Schleuse. Eine Szenerie, wie man sie aus Berichten über Ebola kennt und die mich beunruhigt. Frank hat noch immer Bauchkrämpfe und sieht ziemlich fertig aus. Ich bleibe nicht lange und sage, dass ich draußen versuchen will, einen Arzt zu sprechen.

Ich muss kurz warten, aber dann nimmt sich eine der behandelnden Ärztinnen kurz Zeit für mich. Die Entzündungswerte seien extrem hoch und Franks Nieren bereits angegriffen, berichtet sie mir. Deshalb teste man ihn nun auf alle möglichen Tropenkrankheiten und lege Blutkulturen an.

Mit dieser Information fahre ich zurück nach Hause. An diesem Abend fällt es mir schwer einzuschlafen.

Am nächsten Tag klingt Frank schon etwas besser.

»Kannst du mir bequeme Klamotten mitbringen?«

»Ja, mache ich.«

Hektisch suche ich sein Zeug, finde T-Shirts, aber keine Jogginghose, kaufe Saft und Gummibärchen und fahre mal wieder in Richtung UKE. Frank wirkt deutlich stabiler. Allerdings ist er enttäuscht, dass ich keine Jogginghose dabeihabe, seit drei Tagen schläft er schon in der gleichen Jeans. Mir kommt eine Idee. Ich verlasse die Station und überquere den Bereich vor dem Haupteingang, Richtung Psychiatrie. Marc hat zwei oder drei Jogginghosen, die er allerdings noch nie angehabt hat – weil er im Gegensatz zu Frank gerne wochenlang Tag für Tag ein und dieselbe Jeans trägt.

»Marc, würdest du Frank eine deiner Jogginghosen leihen, du bekommst sie auch frisch gewaschen zurück.«

Ich spüre, wie stolz ihn diese Bitte macht. Endlich kann er auch mal helfen. Ambitioniert kramt er in seinem Schrank herum und hält mir schließlich eine graue Hose entgegen.

»Ist die okay?«

»Ja, danke! Du bekommst sie bald wieder.«

Also zurück, Haube auf, Kittel an. Mit Hygienehandschuhen überreiche ich Frank Marcs Jogginghose.

Zwei Tage später steht fest, dass sich Frank lediglich ein afrikanisches Magen-Darm-Virus eingefangen hat, das den europäischen Körper überfordert, aber bald abklingen wird. Er darf in den nächsten Tagen wohl wieder nach Hause. Ich bin erleichtert.

Ende Oktober, nach fast einem Jahr in der Klinik, steht Marcs Umzug ins betreute Wohnen in Rahlstedt kurz bevor.

»Ich brauche eine Tasche«, erklärt er mir.

»Besorgen wir«, beruhige ich ihn.

»Und einen Aschenbecher!«

Ah, richtig, dort darf er in seinem Zimmer rauchen. Marc denkt mit.

An einem kühlen Montagmorgen hole ich Marc im UKE ab. Die Sozialpädagogin der Station, die mich im Laufe des vergangenen Jahres oft unterstützt hat, bekommt schnell noch einen großen Blumenstrauß in die Hand gedrückt, Ärzte und Pfleger verabschieden sich von uns. Ich könnte vor Rührung heulen und erkenne gleichzeitig das Absurde dieser Situation: Abschiedsschmerz von der Psychiatrie.

Nach einer halben Stunde Autofahrt kommen wir in Rahlstedt an. Marc erhält seine Schlüssel, wir werden zu seinem neuen Zimmer begleitet.

»Gleich gibt es Mittagessen«, sagt die Mitarbeiterin, »da müssen Sie nach unten in den ersten Stock kommen.«

Ich räume noch schnell Marcs Klamotten in den Schrank, verabschiede mich und fahre ins Büro. Von nun an wird Marc knapp hundert Euro monatliches Taschengeld erhalten. Recht wenig für einen Raucher, denke ich. Theoretisch müsste er sich davon auch noch Kleidung, Hygieneartikel, Fahrkarten, Bettwäsche und so weiter kaufen.

Zwei Tage später fahre ich gegen vier Uhr nachmittags in Hamburg los, um Marc in seinem neuen Zuhause zu besuchen. Überall Stau, die Fahrt ist ein einziger Albtraum. Für den Hin- und Rückweg benötige ich mehr als zwei Stunden.

»Das wird unter der Woche nicht mehr funktionieren«, sage ich zu Marc, »aber an den Wochenenden kann ich dich besuchen kommen oder dich nach Hause fahren, wenn du zu uns zum Essen kommen willst.«

»Ja, ist okay«, antwortet Marc.

Bei meinem nächsten Besuch frage ich ihn, wo denn hier die Waschmaschine stehe.

»Ich weiß nicht«, antwortet er.

»Komm, nimm mal die Tüte mit deinen schmutzigen Sachen, wir finden es heraus.«

Im ersten Stock sind die Gänge menschenleer. Ich klopfe an die Tür des Betreuer-Büros. Niemand da. Wir öffnen die gegenüberliegende Tür und finden zwei Waschmaschinen. Beide in Betrieb. Unentschlossen stehen wir im Flur, als mich plötzlich ein älterer Mann anspricht:

»Wer sind Sie denn?«

»Ich bin eine Freundin von Marc. Können Sie uns sagen, ob es hier WLAN gibt?«

»Nein, hier gibt es kein WLAN, und Sie sollten sich in Zukunft bitte hier anmelden, wir wissen gerne, wer sich hier im Haus aufhält«, antwortet er argwöhnisch.

Unverrichteter Dinge kehren wir in Marcs Zimmer zurück.

»Was war das denn?«, schimpfe ich los. »Das hier ist eine WG, du hast einen Schlüssel, und unten ist eure Klingel. Wieso soll ich mich im Büro anmelden, wenn ich dich besuche?«

Ich rege mich auf, Marc kennt das schon. Es ist ihm unangenehm. Keinesfalls möchte er Ärger bekommen oder irgendwo anecken.

»Ist schon gut«, beruhige ich ihn, als ich seine Unsicherheit bemerke. »Ich werde mich nicht beschweren.«

Von nun an sehen wir uns ausschließlich an den Wochenenden. Mal kommt Marc mit der U-Bahn zu uns und wird dann von mir zurückgebracht, mal fahre ich nach Rahlstedt und besuche ihn dort. Insgesamt ist sein Zustand stabil. Seine Mimik ist noch immer etwas spärlich, und er kann sich nicht sehr lange konzentrieren, aber er ist vollkommen klar, und die psychotischen Symptome sind verschwunden.

Am 19.10.2018 um 21:26 schrieb katja.huebner@kommune-art.de:

Lieber Thomas,
hier eine Bestandsaufnahme:
Marc ist seit Montag in Rahlstedt, sieht Dinge wie den
eigenen Zimmerschlüssel, rauchen im eigenen Zimmer,
sich nicht abmelden müssen als »more independent«.
Dass Deutsch eigentlich eine Fremdsprache für ihn ist,
wurde mir erst vor Kurzem bewusst, das erklärt manche
Wortfindungsprobleme.
Er strengt sich an, steht anscheinend von sich aus morgens
auf und holt sich um acht Uhr seine Medikamente. Aber es
fehlen ihm Ideen. Er beschreibt seinen Zustand gegenüber
letztem Jahr als: wieder mehr auf dem Boden.
Hat aber auch ab und zu Einfälle: Ich brauche einen
Geldbeutel, eine Tasche (ich ziehe um), ich brauche einen
Aschenbecher. Es ist ihm wichtig, diese Dinge von seinem
eigenen Geld zu bezahlen.
In den letzten beiden Monaten kam er jeden Sonntag mit
Bus und Bahn zum Mittagessen zu uns nach Hause. Mit
wechselnder Besetzung: mal mit seinem Bruder, Paulina,
Frank ...
Irgendjemand fehlt immer, aber es bedeutet ihm viel,
und wir alle freuen uns darüber. Unter der Woche kann
ich nicht nach Rahlstedt fahren, habe es am Donnerstag
ausprobiert, überall Stau, ich war einen halben Tag
unterwegs.
Das ist am Ende der Grund, weshalb ich es doch gut
finde, wenn er bei euch angeschlossen bleibt: Er hat Zeit
ohne Ende, hockt jetzt in Rahlstedt rum, ist aber, was
U-/S-Bahn-Fahrpläne angeht, total fit. Er braucht Ziele,
und sei es, zum UKE zu fahren oder am Sonntag zu uns
zum Mittagessen.

Also haben wir ganz schön viel geschafft, und es wird kalt, und die Erinnerungen an letztes Jahr sind wieder so präsent.

'tschuldigung für so viel Text. Danke für alles.

Katja

Am 19.10.2018 um 21:43 schrieb Thomas Bock <bock@uke.de>:

Hallo Katja,

ich lese gerne, was du schreibst. Kann so ein klein wenig teilhaben.

Bin immer noch beeindruckt, wie selbstverständlich du mit ihm bist.

Freue mich, ihn zu sehen. Und bleibe auch am GPZE dran.

LG Thomas

Durch seine Besuche bei uns zu Hause ist Marc inzwischen auch mit Frank und Paulina vertraut, und uns allen fällt auf, wie sehr unsere Hündin Mila ihn mag. Mila ist ein sehr liebes und gutmütiges Tier, aber unbekannten Menschen gegenüber eigentlich sehr zurückhaltend. Marc jedoch hat sie von Anfang an akzeptiert. Wenn er jetzt am Sonntagmittag vor unserer Tür steht, dreht sie durch vor Freude. Obwohl Marc mit Hunden aufgewachsen ist, musste ich ihn darauf hinweisen, dass er das vor ihm winselnde und schwanzwedelnde Tier zur Begrüßung vielleicht streicheln könnte. Inzwischen befolgt er diesen Ratschlag und ahmt unsere Art, mit Mila zu kommunizieren, sogar nach:

»Jaaa, ja, ist ja gut! Du guter Hund!«, sagt er und tätschelt Mila währenddessen den Rücken. Das wirkt zwar noch immer unbeholfen, aber ich kann auch sehen, dass es ihn freut, auf diese Art geliebt zu werden.

Frank, der auf der einen Seite ein eher sparsamer Gesprächspartner ist, andererseits aber über eine mir unerklärliche natürliche Autorität verfügt, schließt auf seine Art Freundschaft mit Marc:

»Hey, Marc, heute spielt St. Pauli. Interessierst du dich für Fußball?«

»Ja.«

»Welcher ist dein Klub?«

»Bayern.«

»Nee, Alter, das ist nicht dein Ernst? Bayern geht gar nicht!«, ruft er lachend.

»Jetzt lass ihn doch«, ermahne ich Frank und rutsche unruhig auf meinem Stuhl hin und her.

Aber Marc lacht zum Glück mit:

»Doch, ich mag Bayern. Ich weiß auch nicht, warum.«

»Na gut, wenn man Fan ist, dann ist das eben so«, sagt Frank. »Aber hier in Hamburg musst du dich für St. Pauli entscheiden. HSV steht nicht zur Diskussion.«

Seit diesem ersten Dialog über Sport drehen sich die Gespräche der beiden oft um Fußball, und ich bin immer wieder erstaunt, wie gut Marc sich auskennt, obwohl er abgesehen von frei empfänglichen TV-Sendern kaum Zugriff auf Informationen hat.

Trotz all dieser Fortschritte häufen sich Marcs Panikattacken. Er nennt sie »Episoden« und hat große Angst vor ihnen. Thomas Bock und ich haben schon mehrfach darüber gesprochen. Es ist nicht einfach, die Gründe für diese Panikattacken zu finden. Haben sie mit runtergeschlucktem Ärger, mit versteckten anderen Gefühlen zu tun? Ist er das »normale Leben« nicht mehr gewohnt? Kommen alte Themen hoch? Hat er Angst, was noch auf ihn zukommt? Ist er inzwischen von seinen Beruhigungsmitteln abhängig geworden?

Diese »Episoden«, die Marc im Schnitt alle drei Tage quälen, machen ihn unflexibel. Er will auf gar keinen Fall unterwegs

von ihnen überrascht werden, was bedeutet, dass er jeden dritten Tag grundsätzlich in Rahlstedt bleibt. Oftmals ist er an Tagen
nach der Episode völlig erschöpf, klagt über Kopfweh und ver-
bringt den ganzen Tag in seinem Zimmer.

Sehr aufregend ist Marcs Leben also nicht. Bis auf den Putz-
dienst, den alle Bewohner leisten müssen, gibt es so gut wie
keine Abwechslung für ihn. Pro Stunde Putzen verdient er ungefähr 4,50 Euro. Im Grunde finde ich es in Ordnung, dass
die Bewohner ihre Räume selbst sauber halten müssen, allerdings wundert es mich, dass keinerlei weitere Therapien wie
kognitives Training, Ergotherapie oder Psychoedukation angeboten werden. All diese Therapien wurden laut des UKE-Be-
richtes für den Antrag auf Übernahme der Unterbringungs-
kosten durch die Stadt Hamburg als dringend notwendig für
Marc erachtet. Das scheint nun aber niemanden mehr zu interes-
sieren.

Immerhin ist Marc noch immer als Patient dem UKE angeschlossen und hat in der Regel einmal pro Woche einen Termin
bei Thomas Bock oder seinem behandelnden Psychiater.

An den Wochenenden versuche ich, mindestens an einem Tag
etwas mit Marc zu unternehmen. Besuche ich ihn in Rahlstedt
und frage, was er gerne machen möchte, antwortet er meistens:
»Lass uns zu Schweinske gehen, was essen.« Manchmal sagt er
aber auch: »Lass uns zur Eisdiele gehen.«

Schweinske ist eine norddeutsche Schnitzel-Restaurant-Kette,
in diesen Läden bekommt man unfassbar große Portionen Fleisch
zu vergleichsweise günstigen Preisen. Das Logo dieser Kette
besteht aus einer rosafarbenen Schweinenase. Für Marc ist es
das Paradies, für mich ein sonntäglicher Albtraum. Da Marc
um achtzehn Uhr wieder in seiner Unterkunft sein muss, um
seine Medikamente einzunehmen, statten wir dem XXL-Schnit-
zeltempel meistens zur Mittagszeit einen Besuch ab.

»Marc, was bestellst du dir?«, frage ich.

»Schnitzel Calzone und du?«

»Ich nehme die Ofenkartoffel. Habe noch keinen großen Hunger.«

Zu seinem Schnitzel bestellt Marc einen halben Liter Bananensaft, oft ordert er dann noch einen zweiten.

»Willst du Nachtisch?«, frage ich, wenn die Teller leer sind, und Marc entscheidet sich fast immer für »Eis und kalt«: drei Kugeln Vanilleeis mit heißen Himbeeren und Schlagsahne. Beeindruckt und besorgt zugleich sehe ich ihm dabei zu, wie er diese Kalorienbomben in sich hineinschlingt, und muss dann doch immer daran denken, was Frank einst sagte:

»Was hat er denn sonst? Lass ihn essen.«

So plätschern die Monate vor sich hin. Aber es gibt auch überraschende Momente. An einem Samstagnachmittag besuche ich Marc, er öffnet mir die Tür zu seinem völlig verqualmten Zimmer, im Vorbeigehen nehme ich seinen Seit-drei-Wochen-nicht-geduscht-Geruch wahr. Der Fernseher läuft, die Vorhänge sind zugezogen. Ich setze mich auf einen der beiden Stühle vor einen kleinen Tisch, der vollkommen zugemüllt ist.

»Marc, darf ich mal lüften?«, frage ich ihn.

»Ja klar.«

Ich ziehe die Vorhänge auf und lasse Licht und Luft herein. Marc schaltet beflissen den Fernseher aus, und wir befragen uns gegenseitig, wie es uns so geht.

»Sag mal, spielst du eigentlich manchmal auf der Gitarre?«, frage ich mit Blick auf das Instrument, das hinter einem Berg leerer Pfandflaschen an Marcs Kleiderschrank lehnt.

»Ja, manchmal.«

»Komm, spiel doch mal ein bisschen, ich höre gerne zu.«

Wortlos nimmt Marc die Gitarre, setzt sich mir gegenüber auf einen Stuhl und spielt einige Akkorde. Dann atmet er einmal tief ein, setzt die Gitarre neu an und beginnt zu singen. »Wonderwall«, der ewige Klassiker von Oasis:

*Today is gonna be the day*
*That they're gonna throw it back to you*
*By now you should've somehow*
*Realized what you gotta do …*

Marcs sonst so monotone Stimme ist plötzlich gefühlvoll. Ich höre Trauer, Schmerz und Hoffnung. In diesem Moment, in diesem miefenden, verdreckten Zimmer, sehe ich plötzlich den Sinn meiner Bemühungen der vergangenen beiden Jahre. Ich schlucke meine Rührung herunter, lehne mich zurück und konzentriere mich auf »Wonderwall«.

»Das war ganz großartig«, sage ich, als Marc die Gitarre weglegt.

»Ja? Danke«, antwortet er, nun wieder gewohnt einsilbig. Aber ich weiß, dass mein Lob ihm viel bedeutet.

»Bald ist Weihnachten«, sage ich bei meinem nächsten Besuch im Dezember und frage dann: »Möchtest du Heiligabend bei uns verbringen?« Marc möchte.

Dann ist er da, der 24. Dezember 2018. Um drei Uhr breche ich Richtung Rahlstedt auf. Als ich auf dem Parkplatz vor dem Gebäude stehe, rufe ich Marc an:

»Ich bin jetzt unten. Kommst du runter?«

Einige Zeit später taucht er auf. Eingekleidet in ein graues Wollsakko. Ich bin ganz gerührt. Das Ding hat er noch aus der Kleiderkammer der geschlossenen Station. Getragen hat er es nie. Bis heute. Weihnachten scheint ihm der passende Anlass für das Sakko zu sein.

Bei uns angekommen, warten schon meine Mutter, die aus Süddeutschland angereist ist, die beiden zwanzigjährigen Söhne von Frank, Paulina, mein Bruder und Frank auf uns. Es wird allmählich dunkel, der Weihnachtsbaum funkelt, die Kerzen brennen, alle reden kreuz und quer. Immer wieder sieht Marc auf die Uhr seines Telefons. Pünktlich um sechs holt er zwei Tabletten aus seinem Geldbeutel und nimmt sie ein.

Zur Bescherung öffnen wir eine Flasche Sekt, und ich achte penibel darauf, dass Marc und Paulina nur einen kleinen Schluck mit Orangensaft bekommen. Dann stoßen wir an. Für mich ist das ein besonderer Moment. Für wenige Sekunden bin ich in Gedanken wieder auf der Wiese und auf der Bank. Sehe Marc in seinen klitschnassen Klamotten sitzen und auf das Ende warten. Vor beinahe genau neunzehn Monaten sind wir uns das erste Mal begegnet. Jetzt sind wir hier und feiern gemeinsam Weihnachten.

Dann ist auch der Braten fertig. Alle sitzen am Tisch, stoßen noch mal an, und jeder lädt sich den Teller voll. Auch Marc langt ordentlich zu. Um halb zehn rufe ich ihm ein Taxi. Er ist hundemüde und will nach Hause. Vor unserer Wohnung verabschiede ich ihn.

»Frohe Weihnachten, Marc.«

»Ja. Danke, ciao.«

## 11. Warum stehen Flamingos auf einem Bein?

Januar bis Dezember 2019

Im neuen Jahr rückt der Start von Paulinas Auslandssemester in Neuseeland immer näher. Am 22. Januar soll es losgehen. Obwohl ich zunächst dagegen war, meine fünfzehnjährige Tochter für ein halbes Jahr ans andere Ende der Welt gehen zu lassen, hat sie mich irgendwann dann doch davon überzeugen können. Sie scheint in puncto Beharrlichkeit ihrer Mutter zu ähneln. Die Tage vor dem Abflug vergehen quälend langsam. Letzte Besorgungen müssen erledigt werden, die bereits gepackten Koffer in Paulinas Zimmer wirken auf mich wie ein bedrohlicher Berg.

An einem Dienstagvormittag packen wir diesen Berg schließlich in den Kofferraum unseres Autos, mit einem dicken Kloß im Hals steige ich zu Frank und Paulina in den Wagen, und dann fahren wir zum Flughafen. »Wie bedient man eigentlich eine Waschmaschine?«, durchbricht Paulina die Stille im Wagen. Anscheinend hat sie irgendwo gehört, dass die Gastschüler ihre Klamotten selbst waschen müssen. Ich denke kurz darüber nach, dass wir in der Erziehung unserer Tochter anscheinend einige grundlegende Dinge versäumt haben, und gebe die gewünschte Auskunft. Endlich am Flughafen angekommen, sind noch zweieinhalb Stunden Wartezeit zu überbrücken. Die ganze Zeit kämpfe ich gegen die Tränen an, reiße mich aber zusammen. Es rührt mich, Paulina in ihrer Aufregung zu sehen. Dieser Reise fiebert sie seit Monaten entgegen. In ihrer Vorstellung wartet die großartigste Zeit ihres Lebens auf sie, und jegliche Versuche, sie sanft darauf hinzuweisen, dass es auch in Neuseeland Dinge geben könnte, die ihr nicht gefallen, wurden ignoriert.

Endlich ist die Zeit gekommen, sie am Zoll zu verabschieden. Ich umarme sie noch ein letztes Mal und gebe ihr einen Kuss, dann dreht sie sich um und verschwindet im Abflugbereich. Jetzt laufen mir die Tränen übers Gesicht und lassen sich nicht stoppen, bis wir wieder im Auto sitzen und nach Hause fahren. Frank ist der Abschied sicher auch schwergefallen, aber er ist insgesamt ein weitaus gelassenerer Typ als ich. Ängste und Sorgen scheinen für ihn ein Fremdwort.

Die ersten Tage nach Paulinas Abreise bin ich unruhig und warte ständig auf einen Anruf. Was, wenn sie einen Unfall hatte? Was, wenn sie Heimweh hat? Aber die erste WhatsApp-Nachricht, in der sie schreibt, dass sie nach einer sechsundzwanzigstündigen Reise wohlbehalten im Haus der Gastfamilie angekommen sei, beruhigt mich zumindest ein bisschen.

Schon nach zwei, drei Wochen gewöhnen Frank und ich uns an den neuen Alltag zu zweit. Paulina meldet sich relativ selten, wir werten das als gutes Zeichen und halten uns selbst zurück. »Lass sie mal ihr Ding machen«, sagt Frank. »Sie wollte für ein halbes Jahr alleine ins Ausland, da bringt es nichts, ständig bei ihr anzurufen.«

An den Wochenenden unternehmen wir jetzt ab und an etwas gemeinsam mit Marc. An einem regnerischen Sonntag im März besuchen wir das Aquarium. Hier waren Frank und ich zuletzt mit den Kindern, das ist viele Jahre her. Marc übernimmt nicht die Kinderrolle, aber er ist der Anlass für solche Ausflüge. Einige Wochen später gehen wir zusammen in den Zoo. Zoobesuche fand ich mit den Kindern immer stressig, ständig musste man aufpassen, dass sie im Gewusel nicht verloren gingen, sich nicht zu weit über den Rand des Paviangeheges lehnten, und spätestens wenn man den großen Spielplatz bei Hagenbeck erreicht hatte, war außer Schaukeln und Pommes sowieso nichts anderes mehr von Interesse. Demgegenüber geht Marc ruhig neben Frank und mir durch den Park, mein Wunsch, die Pinguine zu sehen, wird von beiden respektiert. Unterwegs besorgt Frank Crêpes für alle, und ich erlebe den ersten entspannten Zoobesuch meines Erwachsenenlebens. Wir stehen vor dem Teich der Flamingos, als Marc sagt: »Ich wollte immer schon mal wissen, warum Flamingos nur auf einem Bein stehen.« Ich bin völlig verblüfft über diesen Gedanken. Warum habe ich mir diese Frage selbst noch nie gestellt? Auch Frank weiß keine Antwort, schaut aber direkt auf seinem Smartphone nach. »Flamingos stehen deshalb auf einem Bein, damit ihnen nicht kalt wird. Denn über zwei im Feuchten stakende Beine wird mehr Wärme vom Körper abgeleitet als nur von einem.« Wieder was gelernt.

Am 28. Mai lese ich in den Nachrichten vom Tod eines Studenten aus Kamerun vor den Türen der Psychiatrie des UKE. Offenbar haben mehrere Mitarbeiter des Wachdienstes schwere Zwangsmaßnahmen ergriffen, woraufhin der Mann das Bewusstsein verlor. Eine Reanimation scheiterte, er wurde ins künstliche Koma versetzt und verstarb fünf Tage später.

Einige Tage später treffe ich mich mit Thomas Bock. Inzwischen kennen wir uns schon recht gut, und ich kann deutlich sehen, wie sehr ihn diese Geschichte mitnimmt. Er erzählt mir, welche Informationen er bisher über den Vorfall hat. Der Student aus Kamerun war dreiunddreißig Jahre alt, studierte in Hamburg, sprach sehr gut Deutsch, Französisch und Englisch. Er hatte wohl schon Psychose-Erfahrungen gehabt – vermutlich auch vor der Ausreise nach Deutschland, und es hatte bereits in einer anderen deutschen Stadt Einweisungen gegeben. Er war freiwillig ins UKE gekommen und wollte gerne stationär aufgenommen werden. Auf der offenen Station ging es ihm erst besser, dann – nach eigenem Absetzen der Medikation und zwei Nächten ohne Schlaf – deutlich schlechter.

Als er gehen wollte, löste das große Sorgen aus – und offene Fragen: Ein Antrag, ihn gegen seinen Willen unterzubringen, wurde gestellt.

Der Patient lief weg, blieb unten vor der Klinik sitzen, um eine Zigarette zu rauchen. Er war offenbar unsicher. Es gelang anscheinend nicht, wieder einen guten Kontakt aufzubauen. Dann soll der Wachdienst zugegriffen haben.

Und es bleiben Fragen: Warum geschah der Zugriff in diesem Moment? Warum durch den Wachdienst? Warum eskalierte die Situation? Warum haben die Beteiligten sich und dem Patienten nicht mehr Zeit gelassen?

Thomas' Gedanken: Bei einem Psychose-Patienten kann schon eine plötzliche Annäherung eines Einzelnen Panik auslösen, die dann wie ein körperliches Eindringen erlebt wird. Erst recht wenn er nicht vertraut ist und wenn weitere Männer folgen. Vielleicht haben biografische oder kulturelle Aspekte die Panik vor Uniformen noch gesteigert. In einer Psychose kann die ganze Kulturgeschichte auf einem Punkt zusammenschmelzen.

»So viel Angst«, vermutete Thomas, »dass nicht nur seine Psyche, sondern auch sein Herz überfordert wurde. Inzwischen hat sich herausgestellt, dass der junge Mann an einer angeborenen Herzerkrankung litt, die nicht allzu selten ist: Dabei verdickt der Herzmuskel zunehmend, und der Herzinnenraum wird entsprechend kleiner. Das macht das Herz anfälliger. Mit dieser Erkrankung hat er viele Jahre gelebt. Gestorben ist er an dem, was ihn überfordert hat, in Kombination mit seinem angegriffenen Herzen.«

Auf einer späteren Fachtagung hat sich bestätigt, dass der akute Einsatz des Wachdienstes nur zur Gefahrenabwehr von unmittelbarer Bedrohung des Personals bei der Ausübung seiner Tätigkeit erlaubt ist. Nicht aber zur Delegation dieser Tätigkeit. Das wirft Fragen auf, nicht nur für den konkreten Fall. Noch viel zweifelhafter ist die präventive Präsenz von Wachdiensten auf vielen psychiatrischen Stationen in Deutschland, während andere ganz ohne auskommen und im Ernstfall lieber die Polizei rufen. Seine Ausführungen machen mich nachdenklich. Es geht offenbar nicht nur um die Frage, ob ein Wachdienst geschult wurde, sondern auch um unterschiedliche Rollen, eine therapeutische Beziehungskultur und die Notwendigkeit, sich in die Situation des anderen hineinzuversetzen.

Bald darauf hat Marc einen Termin im UKE. Ich schlage vor, dass wir uns danach dort treffen und gemeinsam irgendwo etwas essen gehen. Vor dem Gebäude der Psychiatrie sind zahllose Grablichter, Blumen und Beileidsbekundungen aufgestellt, dazwischen finden sich Fotos des Opfers mit Abschiedsgrüßen. Ich setze mich auf eine Bank gegenüber der Trauerstelle und warte auf Marc.

Als er schließlich aus dem Gebäude kommt, setzt er sich neben mich auf die Bank und zündet sich eine Zigarette an.

»Hast du von der Geschichte des gestorbenen Patienten hier an der Psychiatrie gehört?«, frage ich ihn.

»Ah, ja, der Mann aus Afrika«, antwortet Marc.

»Genau. Professor Bock hat mir erzählt, dass ihn vier uniformierte Wachleute überwältigt haben. Er meinte, für Menschen mit Psychose wirke so etwas unglaublich bedrohlich.«

»Ja«, antwortet Marc voller Überzeugung, »da hätte ich auch einen Herzinfarkt bekommen.«

Anfang Mai bin ich mit einigen Freunden in Verona verabredet, wir wollen gemeinsam das Konzert von Elton John besuchen. Ich bin zu dieser Zeit bereits dabei, meine Notizen für dieses Buch zu ordnen, und weil sie anfangs eigentlich nur für mich selbst bestimmt waren, ist das eine Menge Arbeit. Also entscheide ich mich dafür, bereits fünf Tage vor den anderen nach Verona zu fliegen, und buche mir ein kleines Apartment mit Balkon. Angekommen in dieser wunderschönen kleinen Stadt, breite ich mich in meinem Apartment aus und gehe zum nächsten Supermarkt, um mich mit dem Nötigsten einzudecken. Wieder zurück, räume ich die Sachen ein, schalte meinen Laptop an und versuche, mich zu konzentrieren. Aber es will nicht recht gelingen. Draußen scheint die Sonne, aus der Ferne höre ich die typischen Klänge einer italienischen Kleinstadt, und ich fühle mich bereits einige Stunden nach meiner Ankunft merkwürdig einsam. Ich beschließe, noch einen Rundgang durch die kleinen Gassen der Umgebung zu machen, setze mich in ein Straßencafé und genieße die Sonne.

Abends bin ich dann wieder in meinem Apartment, aber mir fällt nichts Besseres ein, als mir auf Netflix einige Folgen einer Serie anzuschauen. Während der nächsten Tage gewöhne ich mich allmählich an meine selbst gewählte Einsamkeit und spüre eine leichte Melancholie, während ich durch die Straßen schlendere. Kaum jemand hier spricht Englisch, und mein Italienisch ist miserabel. Vielleicht ist die mangelnde Kommunikation der Grund für meine merkwürdige Stimmung. Ich ringe mir täglich zwei, drei Stunden des Schreibens ab, drehe dann wieder meine Runden durch den Ort, fühle mich täglich wohler und kann das Alleinsein endlich genießen.

Zwischendurch rufe ich Marc an:

»Hey, Marc, ich bin jetzt in Verona und versuche, dieses Buch über uns fertig zu schreiben.«

»Ah, in Italien, wirklich?«

»Ja, es ist schön hier, aber ich fühle mich auch etwas einsam, für dich wäre das wahrscheinlich kein Problem.«

»Haha, das stimmt.«

»Hilf mir bitte mal, ich will nichts Falsches schreiben: Bevor du auf dieser Wiese gelandet bist, warst du in Essen, richtig? Wo hast du da geschlafen?«

»In einer Obdachlosenunterkunft.«

»Und in dem Winter davor?«

»Da war ich am Flughafen, ungefähr ein Jahr.«

»Aber wie konntest du ein Jahr auf einem Flughafen verbringen?«

»Das war ganz leicht«, antwortet er, »ich habe da geschlafen, und manchmal hat mir jemand was gegeben.«

»Aber war die Zeit auf dem Flughafen und später auf der Wiese nicht ganz schrecklich für dich?«

»Nein, nein, das war nicht so schlimm.«

Fünf Tage später kommt der Rest unserer kleinen Reisegruppe in Verona an. Wir treffen uns zum Essen in einem Restaurant, sitzen zu siebt an dem Tisch einer voll besetzten Trattoria, um uns herum Stimmengewirr, wir reden kreuz und quer. Ich genieße die Gesellschaft, fühle mich aber nach nur fünf Tagen sozialer Isolation auch überfordert. Trotzdem gehe ich spätabends nach einem ausgiebigen Essen und einigen Drinks gut gelaunt nach Hause.

Genauso schnell, wie ich mich an die Einsamkeit gewöhnt hatte, gewöhne ich mich nun auch wieder an die Gesellschaft dieser sechs wunderbaren Menschen. Wir vertrödeln gemeinsam noch einen weiteren Tag in Verona, essen, trinken, shoppen. Zwischendurch geht auch jeder mal seine eigenen Wege, aber es macht Spaß, und wir freuen uns auf morgen, das Konzert und die Arena.

Tags drauf treffen wir uns abends zum Essen, um danach zum Konzert zu gehen. Ich war noch nie in der Arena von Verona, und als wir schließlich durch die steinernen Tunnel hineinlaufen, überwältigt mich dieser Anblick. Es ist schon fast alles besetzt, aber wir finden noch freie Steinstufen am äußeren Rand. Die Sonne geht gerade unter, und Sir Elton John betritt die Bühne. Die Stimmung ist italienisch bombastisch, ich bin irgendwie ergriffen, muss aber auch kichern. Elton John wirkt auf dieser Bühne noch kleiner und runder, als ich ihn in Erinnerung hatte. Seine Gestalt ähnelt einem Maikäfer, ich habe plötzlich das Bild eines auf dem Rücken liegenden Käfers im Kopf und hoffe, dass die Techniker alle Kabel auf der Bühne gut verklebt haben. Elton stolpert glücklicherweise nicht, aber seine Stimme kippt beängstigend oft, er scheint irgendwie heiser zu sein. Das Publikum spürt seine Anstrengung. Wir rechnen bereits fest damit, dass er das Konzert abbrechen muss, aber nach den ersten drei Songs kämpft er sich zurück. Vom vierten Song an hat er seine Stimme wieder und zieht das Konzert über eineinhalb Stunden durch. Einem internationalen Hit folgt der nächste, ich bin überrascht, wie viele seiner Songs ich dann doch kenne. Bei »Rocket Man« dreht die gesamte Arena durch. Alle singen mit, eine ausgelassene, ansteckende Freude, die man in einem deutschen Stadion so niemals erleben würde.

Nach einem weiteren Tag in Verona ist der Kurzurlaub auch schon wieder zu Ende, und der Alltag in Hamburg geht weiter. Paulina ist jetzt schon seit über vier Monaten in Neuseeland. In knapp sechs Wochen kommt sie wieder zurück. Wir telefonieren ab und zu, ihre anfängliche Begeisterung hat sich inzwischen gelegt. Sie wohnt in einem Vorort von Auckland bei einer Familie, die anscheinend ständig irgendwelche Gastschüler aufnimmt und ihr kein großes Interesse entgegenbringt. Zur Schule muss sie fast eine Stunde mit dem Bus fahren, und das Vorstadtleben scheint sie zu langweilen. Hatte ich anfangs Bedenken, das Kind könne in einer Vorzeigefamilie landen und sämtliche Defizite unserer nur mittelmäßig strukturierten Kleinfamilie erkennen, höre ich nun Sätze wie: »Jeden Abend gibt es um achtzehn Uhr Essen. Aber ich habe doch nicht immer zur gleichen Zeit Hunger!« Oder: »Jeden Tag essen die Fleisch, sogar zum Frühstück braten sie sich Hähnchen.« Und: »Die streiten sich die ganze Zeit, die Mutter ist permanent genervt.«

Ganz tief in mir spüre ich eine gewisse Erleichterung. Paulina sehnt sich nach ihrem Zuhause. Nach unserem manchmal chaotischen, unperfekten Zuhause, wo die Bettwäsche auch mal zwei Wochen lang nicht gewechselt wird und man sich morgens die Katzenhaare von der Kleidung zupfen muss. Ich bin erstaunt über Paulinas Stärke und ihren Willen, die Situation auszuhalten. »Komm, Lini«, sage ich am Telefon zu ihr, »nur noch sechs Wochen, wir freuen uns schon so sehr auf dich!«

Ein sonniger Samstag Ende Mai.

»Wollen wir an einen Badesee fahren?«, schlägt Frank vor.

»Ich wollte eigentlich Marc besuchen, wollen wir ihn nicht mitnehmen?«, frage ich.

»Ja klar, wir können ihn in Rahlstedt abholen«, antwortet Frank.

Ich rufe Marc an und frage, ob er mitkommen will. »Ja, ist okay«, ist seine etwas monotone Antwort. Einige Zeit später kommen wir zu dritt auf einem Parkplatz mitten im Wald an. »Wir müssen noch ein bisschen laufen«, sagt Frank. Dass wir eine gute halbe Stunde Waldweg vor uns haben, erwähnt er nicht. Für Marc ist das fast schon eine Wanderung, denke ich. Aber er läuft ohne Kommentar an unserer Seite, während der Hund schwanzwedelnd durchs Gestrüpp tobt. Am See angekommen, stehen wir an einem Steg, an dem zwei blaue Ruderboote festgemacht sind. »Wir können eines davon benutzen«, erklärt Frank, »die gehören einem Kumpel von mir.«

Ich schau auf die kleinen Boote und überlege, ob eines davon hundert Kilo Marc, Frank, mich und den Hund plus Proviant aushalten kann. »Das geht schon«, sagt Frank, als er meinen zweifelnden Blick sieht. »Da drüben ist eine kleine Sandbucht, da können wir baden.« Er zeigt auf das gegenüberliegende Ufer. Als wir dann alle an Bord sind, nimmt Frank entschlossen die Ruder in die Hände und legt sich in die Riemen. Langsam, sehr, sehr langsam bewegt sich das Bötchen über den See. Frank rudert und rudert, und ich ahne, dass er es sich leichter vorgestellt hatte.

Endlich, nach einer gefühlten Ewigkeit erreichen wir den Sandstrand. Es ist unglaublich schön hier, kein einziger Mensch ist zu sehen, die Sonne scheint durch die Blätter der Bäume, und außer dem Gezwitscher der Vögel ist nichts zu hören. Wir breiten eine Decke aus, ich stelle Getränke und Häppchen in den Schatten. Frank, der immer und überall innerhalb von Minuten einschlafen kann, liegt in Badehose auf der Decke und beginnt, leise zu schnarchen. Marc liegt neben ihm in voller Montur, ebenfalls auf dem Rücken und starrt unbewegt in das Laub der Bäume über uns.

Obwohl die Zeit, als Marc auf einer Bank lebte, jetzt schon über eineinhalb Jahre zurückliegt, sehe ich in Situationen wie diesen immer mal wieder sein Bild von damals vor mir. Diesen fast völlig verstummten, verdreckten, einsamen Menschen. Dass er einmal mit uns gemeinsam einen Ausflug zu einem Badesee machen würde, hätte ich damals für vollkommen ausgeschlossen gehalten.

Der Nachmittag plätschert dahin, Frank und der Hund baden im See, und irgendwann beschließen wir, wieder aufzubrechen. »Ich rudere mit dem Boot zurück, lauft ihr um den See herum, das geht viel schneller«, schlägt Frank vor. Also laufen Marc und ich über einen kleinen Waldweg entlang des Seeufers und können sehen, wie Frank in gleichmäßigen Ruderzügen den See überquert. Er ist lange vor uns am Steg und wartet dort auf uns. Jetzt noch der halbstündige Fußmarsch zurück zum Auto. Marc ist völlig erschöpft, aber er hält tapfer durch. Als wir ihn endlich wieder in Rahlstedt absetzen, wirkt er, als habe er einen Marathon überstanden. »Aber das war doch ein schöner Ausflug, oder?«, frage ich ihn zum Abschied. »Ja, das war wirklich schön«, antwortet er, dreht sich um und geht.

Endlich ist es so weit: Paulina kommt zurück. Frank und ich fahren zum Flughafen. Weil wir auf keinen Fall zu spät sein wollten, müssen wir noch eine quälend lange Stunde auf sie warten. Dann endlich kommt Paulina aus dem Zollbereich, sie sieht müde aus, aber auch aufgeregt. Ich springe auf sie zu, umarme sie und ignoriere ihre versucht coole Gelassenheit. Auch Frank schnappt sie sich und hält sie lange im Arm. Nachdem Kind, Hund und Gepäck im Auto verstaut sind, fahren wir nach Hause, und ich fühle mich wieder komplett.

Nach nur wenigen Tagen ist es, als sei Paulina nie weg gewesen. Selbst die pampigen Antworten und die teenagertypische Grundgenervtheit kehren sehr schnell zurück. Alles andere wäre nicht normal, denke ich und kann mich sogar über ihr lang gedehntes »Waaas dennn ...?« freuen.

Marcs Alltag ist unverändert eintönig. Seine »Episoden« quälen ihn inzwischen jeden zweiten Tag. Aber sowohl Thomas Bock als auch der behandelnde Psychiater des UKE sind ratlos. Da man nicht zu hundert Prozent ausschließen kann, dass es sich um Nebenwirkungen der Medikamente handelt, versucht der Psychiater, nach und nach die Dosis zu verändern. Leider ohne Erfolg. Thomas spricht von Panikattacken und unterdrückten Gefühlen, aber was genau der Auslöser ist, lässt sich nicht herausfinden. Immer wieder befragen wir Marc, aber er weiß selbst nicht, was da in ihm vorgeht.

An einem Samstag im Herbst besuche ich ihn in Rahlstedt. Es ist ein »zweiter Tag«, also ein Tag, an dem er auf die bevorstehende Episode wartet. Immer wieder habe ich Marc erklärt, dass dieses Warten alleine schon Panik auslösen kann.

»Marc, wenn ich etwas gegessen habe, und anschließend sagt mir jemand, dass das Essen wahrscheinlich verdorben war, wird mir schlecht, einfach weil ich dann so sehr in mich hineinhöre.«

»Ja, ich weiß, was du meinst«, antwortet er wenig überzeugt. »Ich habe schon überlegt, ob ich einen Hirntumor habe«, meint er dann plötzlich.

»Nein, das glaube ich nicht«, entgegne ich, »ich denke, dann hättest du andere Symptome.«

Es ist vier Uhr nachmittags, und ich habe mir für heute fest vorgenommen, bei Marc zu bleiben und die bevorstehende Episode abzuwarten. Bisher weiß ich nur aus seinen Erzählungen, wie er sich während des Anfalls fühlt. Er beschreibt immer wieder eine Enge in der Brust, Probleme beim Atmen und eine große Unruhe. »Es ist, als wäre ich außerhalb meines Körpers«, erklärt er mir immer wieder. Die Zeit zieht sich endlos, es gibt wenig zu tun in Marcs kargem Zimmer. »Wir können ja zusammen fernsehen«, schlage ich vor.

Marc schaltet das Gerät ein, zappt durch die Sender und entscheidet sich für eine Tier-Doku. Wir sitzen nebeneinander auf seinem Bett – das graue Laken lässt mich darüber nachdenken, wann es wohl das letzte Mal frisch bezogen wurde – und schauen einen Bericht über Echsen auf den Galapagosinseln. Irgendwann stehe ich auf, um am Fenster eine Zigarette zu rauchen. Marc scheinen die Echsen nun auch zu langweilen, er schaltet den Fernseher aus und zündet sich ebenfalls eine Zigarette an.

»Ich bleibe heute hier, bis du nachher schlafen gehst«, sage ich zu ihm.

»Aha.«

»Pass auf, du gehst jetzt mal duschen, ich glaube, das hast du schon länger nicht mehr gemacht. Und in der Zwischenzeit hole ich einen Staubsauger und mache hier ein bisschen Ordnung. Wie fändest du das?«

Da ich Marc schon öfter beim Aufräumen geholfen habe, weiß ich, dass es ihm nichts ausmacht, wenn ich an seine Sachen gehe. »Ja, okay, ich mache das«, sagt er. Marc öffnet seinen Schrank, in dem sich ein großer wirrer Klamottenhaufen befindet, zieht ein völlig zerknautschtes, aber immerhin frisch gewaschenes T-Shirt und ein Handtuch heraus. Wortlos läuft er zur Tür und verlässt den Raum. Wie besprochen hole ich aus einer Abstellkammer im Flur den Staubsauger und mache mich an die Arbeit. Wische anschließend mit einem feuchten Lappen Tisch und Regal ab und sammle herumstehende Plastikflaschen in einer Tüte. Marc kommt zurück. Duschwasser tropft von seinem Kopf auf das frische T-Shirt, er fand es anscheinend nicht notwendig, sich die Haare zu trocknen. »Ich glaube, ich bekomme eine Episode«, sagt er unvermittelt, hängt das Handtuch über einen Heizkörper und setzt sich an den kleinen Tisch. Unsicher, was nun zu tun ist, setze ich mich ihm gegenüber.

Marc starrt vor sich hin und wirkt völlig verängstigt. Plötzlich fangen seine Augen an zu krampfen und klappen nach oben. Es sieht aus, als wolle er in seinen Kopf hineinsehen.

»Marc, was ist mit deinen Augen?«, frage ich nun völlig verunsichert.

»Das habe ich manchmal, ich kann es nicht ändern«, antwortet er angestrengt.

»Wie fühlst du dich denn jetzt?«

»Als ob ich außerhalb meines Körpers wäre.«

Ich rücke meinen Stuhl neben seinen, nehme seine beiden Hände und drücke sie fest.

»Spürst du das?«, frage ich Marc.

»Ja, ja, das spüre ich.«

»Siehst du, du könntest das nicht spüren, wenn du außerhalb deines Körpers wärest.«

»Halb im Körper und halb außerhalb«, sagt er. Er steht auf und beginnt, in dem kleinen Raum auf und ab zu laufen. Sein Atem geht schwer, und die Augen rollen noch immer auf und ab.

»Meinst du, es würde dich entspannen, wenn ich dir den Rücken massiere?«, frage ich ihn weiter.

»Ja, okay, vielleicht.«

Marc geht zu seinem Bett und legt sich auf den Bauch. Ich setze mich neben ihn auf das dreckige Laken und beginne, ihm beruhigend den Rücken zu massieren. Endlich schließt er die Augen, und das Krampfen scheint nachzulassen.

»Fühlst du dich etwas besser?«, frage ich nach einiger Zeit.

»Ja, ein bisschen«, antwortet Marc matt. Irgendwann setzt er sich dann auf, geht wieder rüber zum Tisch und zündet sich eine Zigarette an. Er sieht völlig erschöpft aus, und ich kann mir vorstellen, wie viel Energie dieser Anfall ihn gekostet haben muss. Einige Zeit später vergewissere ich mich noch einmal, dass er nun das Schlimmste hinter sich hat, und verabschiede mich von ihm.

Von diesem Besuch berichte ich Thomas in der folgenden Woche. »Es ist wirklich grausam. Wenn er so einen Anfall jeden zweiten Tag hat, muss man da doch irgendetwas unternehmen.«

»Wie wäre es denn«, schlägt Thomas nachdenklich vor, »wenn er tagsüber zu uns in die Krisen-Tagesklinik (ein spezielles Angebot für junge Leute) ins UKE käme? So hätten wir ihn etwas besser im Blick und könnten vielleicht endlich diese Episoden einordnen.«

»Ich finde die Idee super, man müsste ihn mal fragen, ob er mitmacht.«

»Am kommenden Mittwoch hat er einen Termin bei mir, ich schlage es ihm einfach mal vor«, sagt Thomas.

Und tatsächlich: Marc erklärt sich mit dem Vorschlag einverstanden. Während der kommenden vier Wochen soll er täglich gegen elf Uhr im UKE erscheinen und am dort stattfindenden Programm der Tagesklinik teilnehmen. Ich bin noch unsicher, ob er das tatsächlich schaffen wird, vor allem da er an den »zweiten Tagen« normalerweise das Haus nicht verlässt. Anfangs rufe ich ihn morgens um zehn an, um ihn daran zu erinnern, dass er sich auf den Weg machen muss. In den ersten Tagen wirkt

Marc tatsächlich motiviert, was mir große Hoffnung macht. Doch bereits am vierten Tag lässt er mich wissen, dass er es heute nicht schaffe, er habe starkes Bauchweh. Dieses Bauchweh kehrt in den kommenden Wochen, begleitet von Durchfällen, immer öfter zurück, bis aus den täglichen Besuchen am UKE irgendwann eher ein wöchentlicher Termin wird. Ich spreche Thomas darauf an, und seine Antwort lautet: »Ich denke, er hat Schiss.«

Also scheitert auch dieser Versuch, Marcs Episoden aufzuklären. Immer wieder überlege ich, was man sonst tun könnte. Marc liebt Musik, wenn er Musik macht, wird er plötzlich locker und wirkt unbeschwert. Auf meine Frage hin, ob er denn gerne wieder in einer Band spielen würde, hat er in der Vergangenheit stets mit »Ja« geantwortet.

Es gibt in Hamburg zwar viele Musikpädagogen, aber kaum Gelegenheiten für Psychiatriepatienten, gemeinsam zu musizieren. Die »Station 17«, eine Band, die bereits Ende der Achtzigerjahre mit Leuten aus der Wohngruppe siebzehn der Evangelischen Stiftung Alsterdorf vom Musiker und Heilerzieher Kai Boysen gegründet wurde, hat über viele Jahre vorgemacht, dass ein solches Projekt gelingen kann.

»Wie wäre es, wenn wir einen Verein gründen und versuchen, so etwas auf die Beine zu stellen?«, frage ich Thomas in einem unserer Gespräche am Ende des Jahres.

Thomas ist inzwischen in Rente, aber noch sehr aktiv, und ich sehe ihm direkt an, dass er die Idee interessant findet – auch unabhängig von Marc. »Räumlichkeiten zu finden wird das größte Problem sein«, sage ich. »Ja und einen geeigneten Musiker, der für solch ein Projekt brennt«, ergänzt Thomas. »Es gab zwar in der Vergangenheit einige Anläufe in diese Richtung, aber die Initiative kam stets vonseiten der Psychiatrie. Soweit ich weiß, ist ein Vernetzen mit der Musikbranche – ausgenommen bei der Station 17 – bisher nicht gelungen.«

Also beginnen wir zu recherchieren. Ich führe einige Gespräche mit Freunden und Bekannten aus der Branche, und die Idee
scheint die meisten zu begeistern. Recht bald bekomme ich den
Hinweis, dass mein Bürokollege Reimer vom Label Grand Hotel
van Cleef gerade Gespräche mit der Stadtentwicklungsgesell-
schaft Steg führt, die den Bau eines Bandhauses in Hamburg
plant. Es soll schon in einem Jahr in Betrieb genommen werden, und Reimer überlegt, die Vermietung und Organisation
der einzelnen Proberäume zu übernehmen. Ich spreche ihn an
und erkläre ihm unsere Vision. Reimer, der meine Ideen übli-
cherweise als »romantisch« bezeichnet, ist ausnahmsweise be-
geistert. »Das ergäbe ein schönes Konzept, man müsste überlegen, wo man Berührungspunkte zwischen den ›normalen‹ Bands
und den Psychiatriepatienten schaffen kann.«

# 12. Okay, danke, ciao

Januar bis Mai 2020

Ich beginne das neue Jahr also voller Energie und erhoffe mir von unserem Bandprojekt eine Verbesserung der Lebensqualität von Marc – und hoffentlich zahlreicher weiterer Psychiatriepatienten. Doch bereits im Februar erregt das nun auch in Europa angekommene Coronavirus die allgemeine Aufmerksamkeit. Anfang März beginnen die Hamburger Skiferien, und da wir keine Reise geplant haben, ist Paulina zu Hause, wenn sie nicht gerade mit Freunden unterwegs ist. Inzwischen sind die TV-Bilder aus Norditalien nicht mehr zu ertragen. Eine allgemein spürbare Angst beherrscht jetzt auch Deutschland. Der bereits verabredete Termin zur weiteren Planung des Bandhauses fällt aus, da eine Mitarbeiterin aufgrund der Lage nicht nach Hamburg anreisen kann. Ich ahne schon, dass Paulina nach den Ferien erst mal nicht wieder in die Schule zurückkehren wird.

Am 12. März 2020 erklärt die WHO Covid-19 zur globalen Pandemie. Angela Merkel verkündet in einer Fernsehansprache die Regeln des deutschen Lockdowns, und das gesamte Land verfällt in eine Schockstarre. Innerhalb weniger Tage wird Hamburg zu einer Geisterstadt. Die Straßen sind wie leer gefegt, abgesehen von vereinzelten Schlangen vor den Supermärkten.

Ich telefoniere weiterhin fast täglich mit Marc. Er scheint sich keine Sorgen wegen der Coronakrise zu machen. Seine bisher wöchentlichen Besuche am UKE fallen nun bis auf Weiteres aus, die behandelnde Psychologin hält aber ebenfalls telefonisch den Kontakt. Während der ersten Wochen des Lockdowns erscheint mir Marc entspannt, vielleicht sogar ganz froh darüber, nun überhaupt keine Verpflichtungen mehr zu haben. Seine Zurückgezogenheit ist nun nicht nur gesellschaftlich respektiert, sondern wird sogar gefordert. Er berichtet mir, dass das Mittagessen im betreuten Wohnen nun in zwei Schichten stattfindet und keine Besucher empfangen werden dürfen. In unseren Telefonaten betone ich immer wieder, dass diese Kontaktsperre vorübergehen wird und wir momentan alle abwarten müssen. »Im Moment bist du tatsächlich im Vorteil, Marc: Ich kenne niemanden, der so gut alleine sein kann wie du.« Ich sage das in einem scherzhaften Ton, und Marc versteht, was ich meine. »Haha, das stimmt.« Mit seinem kurzen, trockenen Lachen signalisiert er mir, dass er die Ironie verstanden hat. Natürlich weiß er um seine Erkrankung und den damit verbundenen Rückzug.

Ende April telefoniere ich wieder mit Marc, und auf meine Routinefrage, wie es ihm geht, antwortet er: »Ganz okay, halt ein bisschen einsam.« Marcs Gefühlsäußerungen sind nach wie vor recht sparsam, und ich werte dieses »bisschen einsam« als ein »sehr einsam«.

»Okay«, antworte ich, »ich komme am Wochenende vorbei, und wir gehen spazieren, wie findest du das?«

»Ja, ja, das ist okay.«

Samstag Nachmittag fahre ich nach Rahlstedt und rufe Marc an: »Hey, Marc, ich bin jetzt da, kommst du runter?« Kurz darauf erscheint er vor dem Haus, und wir laufen gemeinsam Richtung Eisdiele. Marc erscheint mir wieder etwas schmuddeliger, wahrscheinlich liegt er tatsächlich den ganzen Tag auf seinem Bett herum.

»Hast du zugenommen?«, frage ich mit Blick auf seinen Bauch.

»Ja, haha, ich habe wieder eine Wampe«, antwortet er.

»Na ja, du bist nicht der Einzige, momentan essen die meisten zu viel bei zu wenig Bewegung.«

Wir stellen uns in die Schlange vor der Eisdiele, holen einen Eisbecher für Marc und einen Cappuccino für mich und setzen uns auf die Treppenstufen einer geschlossenen Bäckerei in die Sonne.

»Wie geht es Frank?«, will Marc wissen.

»Gut«, sage ich, »er arbeitet weiterhin und baut gerade mit zwei Kollegen einen Anbau beim ›Grünen Jäger‹, das ist ein Club am Neuen Pferdemarkt. Am Wochenende geht er nach wie vor am liebsten frühmorgens mit dem Hund los zum Angeln. Für Frank hat sich fast nichts geändert, im Gegensatz zu Paulina, die jetzt schon seit fast sechs Wochen ausschließlich zu Hause sitzt. Ich könnte eigentlich nach wie vor im Büro arbeiten, da ist wenig los, und es würde mir guttun, jeden Tag mal rauszukommen. Aber ich wollte Paulina nicht wochenlang komplett alleine zu Hause lassen, bin jetzt also solidarisch mit ihr im Lockdown.«

»Ah, und wie geht es Paulina?«

Marcs Interesse scheint ehrlich zu sein, und ich gebe weiter Auskunft: »Paulina leidet am meisten unter der Situation. Sie ist jetzt sechzehn und würde natürlich am liebsten jedes Wochenende Party machen. Auch die Situation mit der Schule belastet sie: Nächstes Jahr macht sie Abi und muss sich jetzt den Lehrstoff in einer Art Fernstudium selbst aneignen.«

Wir sitzen noch etwas in der Sonne und gehen schließlich zurück.

»Willst du nächstes Wochenende vielleicht mit der S-Bahn in die Schanze kommen?«, frage ich ihn auf dem Rückweg. »Du könntest uns besuchen, wir sollten halt nach wie vor etwas Abstand halten, aber das ist machbar. Die S-Bahnen sind anscheinend momentan noch recht leer, da musst du nur darauf achten, dass du möglichst wenig anfasst und dir die Hände wäschst, sobald du bei uns bist.«

»Ja, okay, das machen wir.«

Doch am folgenden Wochenende regnet es. Marc geht nicht ans Telefon, und ich nehme an, er hat einfach keine Lust, bei diesem Wetter vor die Tür zu treten. Aber ich empfinde erstmals kein Mitleid bei der Vorstellung, dass er ganz alleine in dieser eher tristen Umgebung abhängt. Ich lasse ihn einfach in Ruhe und weiß, er wird sich melden, wenn er sich einsam fühlt.

Einige Tage später bin ich mit Thomas an der Alster verabredet. Mit zwei Coffees to go und dem gebotenen Abstand sitzen wir auf einer Bank und reden. Thomas ist vor Kurzem zum ersten Mal Großvater geworden, das scheint ihn sehr glücklich zu machen. Über das Thema Familie kommen wir aber auch auf das der Alten in der Gesellschaft zu sprechen. »Es sollte doch jedem alten Menschen selbst überlassen sein, ob er den Kontakt zu seiner Familie halten möchte und dafür in Kauf nimmt, sich anzustecken«, sagt Thomas.

»Ja, es ist eine grausame Vorstellung, dass ein Mensch in einem Pflegeheim, der sowieso gerade auf seinen Tod wartet, keinen Besuch mehr empfangen darf«, pflichte ich ihm bei.

Diese trüben Bilder wollen gerade so gar nicht zu dem friedlichen Bild der Alster vor uns passen. Das Wasser glitzert in der Sonne, ein Stand-up-Paddler gleitet auf dem Wasser vorbei, und ein kleiner Vogel nimmt ein Sandbad unter der benachbarten Bank. Thomas beobachtet ihn fasziniert, und ich freue mich über seine nicht zu stoppende Neugierde, die anscheinend auch die Tierwelt mit einschließt.

»Wie geht es Marc?«, fragt Thomas.

»Für ihn hat sich nicht viel geändert«, antworte ich. »Nachdem wir nun über zwei Jahre versucht haben, ihn aus seiner Isolation herauszuholen, bekommt er jetzt gesagt, er solle zu Hause bleiben. Neuerdings haben sogar seine Panikattacken abgenommen, wahrscheinlich weil er nun überhaupt keinen Ansprüchen von außen mehr genügen muss. Aber wenn das so ist, dann vermittelt das einen klaren, wenn auch etwas ernüchternden Eindruck davon, wie wenig Anforderung er erträgt.«

Wir sprechen auch über die Situation der Psychiatrie zu Coronazeiten.

»Meinst du nicht, dass massenhaft Zwangserkrankte aus dieser Krise hervorgehen werden?«, frage ich Thomas.

»Mag sein, aber wir beobachten zurzeit vor allem die Veränderung, die die Lage für unsere bisherigen Psychiatriepatienten mit sich bringt. Die Zwangserkrankten fühlen sich teilweise entlastet, der Zwang, sich ständig die Hände zu waschen, ist plötzlich gesellschaftlich akzeptiert. Auch Angstpatienten fühlen sich nicht mehr ganz so weit von der ›normalen‹ Bevölkerung entfernt. Ich schreibe gemeinsam mit einer Kollegin gerade an einem Artikel über diese Beobachtungen. Wenn du möchtest, fasse ich das etwas zusammen und schicke dir einen entsprechenden Text für dein Buch.«

Thomas hat mich von Beginn an dazu ermutigt, meine Geschichte mit Marc aufzuschreiben. Er meint, es sei wichtig, meine Erfahrungen mit anderen zu teilen. Das könne bewirken, dass die Leute etwas genauer hinschauen, wenn ein offensichtlich psychisch Kranker auf der Straße herumhängt. Wir sitzen noch etwas in der Sonne, verabschieden uns schließlich, und als ich zu Hause ankomme, habe ich schon den versprochenen Artikel in meinem Postfach:

## Psychosen zu Zeiten der Coronakrise
*Thomas Bock und Gwen Schulz*

Das Coronavirus betrifft alle Menschen. Das gilt auch für die Folgen – die Angst, die Vorsicht, den Rückzug, die Einschränkungen. Für manche Menschen mag damit die Schwelle zur Erkrankung fließend werden: Die Einsamkeit verstärkt die Selbstzweifel, die Fühllosigkeit ist nicht mehr nur Schutz, sondern bekommt eine Eigendynamik, wird Depression genannt. Wenn Besuch ausbleibt, Kontakte seltener werden, die alltäglichen Rituale schwerer fallen, können das Alter oder die Behinderung quälend, psychische Krisen bedrohlicher werden.

Zu wissen, dass alle Menschen betroffen sind, kann aber auch ein Gemeinschaftsgefühl nähren, das verloren schien: Ich gehöre wieder dazu. Das zu spüren, kann das Gefühl der eigenen Besonderheit abmildern, Brücken bauen zwischen den Welten. Wer sich zwanghaft die Hände gewaschen hat, fühlt sich vielleicht sogar entlastet, weil genau das nun allen geraten wird. Kann der eigendynamische Zwang wieder zum kulturell gebundenen Ritual werden? Wer zu Ängsten neigt, kann sich jetzt aufgehoben fühlen in einer umfassenden Angst, der man sich kaum entziehen kann. Kann sie dadurch an Macht verlieren?

Bei Psychosen werden die Grenzen zwischen innerer und äußerer Welt durchlässig. Eine äußere Bedrohung wird existenziell. Doch gilt das jetzt nicht für alle? Sicher reagieren wir alle unterschiedlich intensiv auf Reizüberflutung und auf Isolation, ziehen uns mehr oder weniger schnell in eine eigene Welt zurück oder fangen an, unser Echo selbst zu erzeugen. Doch im Moment ist genau das offensichtlich: Wir mögen verschieden reagieren, aber wir sitzen in einem Boot. Es ist nicht mehr unbedingt krank, sich bedroht zu fühlen oder sich zurückzuziehen.

Menschen mit Psychosen haben anderen vielleicht sogar eine Erfahrung voraus – wie es geht, mit Bedrohungsgefühlen zu leben; was es bedeutet, sich zurückzuziehen ...

So kann es sein, dass manche Psychose-Erfahrene sich erst recht aus der Realität zurückziehen, andere aber erstaunlich gelassen bleiben.

Entscheidend ist, dass wir die gemeinsame Betroffenheit wahrnehmen. Dass wir auch in der Psychiatrie die gemeinsame Angst/Bedrohung zulassen und benennen, »gesund« und »krank« weniger krass trennen. Dass wir Gemeinschaft entstehen lassen und fördern – im sozialen Leben, aber auch im Kopf, also in unserem Verständnis psychischer Störung. Manchmal sind Menschen mit Psychose-Erfahrung auch Seismografen für die Bedrohung von außen – nicht nur durch Corona, sondern auch durch Umweltzerstörung, Kriegsgefahr, mangelnden Datenschutz oder zunehmende Armut.

Die strukturellen Lehren ergeben sich dann fast von selbst: Zurzeit macht eine stationäre Unterbringung zusätzlich Angst, die der Ansteckung. Ein Grund mehr, auch die Behandlung akuter Krisen nach Hause zu verlagern (Home-Treatment). Zurzeit wird spürbar, dass gemeinsame Betroffenheit entlastet. Ein Grund mehr, GenesungsbegleiterInnen/PeerberaterInnen selbstverständlicher zu beteiligen. Zurzeit hat wechselseitige Hilfe einen hohen Stellenwert. Ein Grund mehr zu erkennen: Menschen mit Psychiatrieerfahrung können doppelt profitieren – als Empfänger und als diejenigen, die etwas zu geben haben, zum Beispiel Zeit, Verständnis und Zuwendung.

Anfang Mai wird der Lockdown in Hamburg allmählich gelockert. Paulina geht – zumindest stundenweise – wieder zur Schule, ich arbeite wieder im Büro. Läden und Friseure öffnen nach und nach. Die abflauende Zahl der Neuinfektionen stimmt hoffnungsvoll, und dennoch ist die Zukunft unbestimmt. Wird es zu einer zweiten und dritten Welle kommen? Gibt es in naher Zukunft den ersehnten Impfstoff? Welche wirtschaftlichen und sozialen Folgen erwarten uns in den kommenden Jahren? Ich persönlich musste in den vergangenen beiden Monaten lernen, den ungeliebten Kontrollverlust zuzulassen und meinem starken Drang, Probleme lösen zu wollen, nicht folgen zu können. Was mit meinem Job in der Musikbranche, den Veranstaltern, Künstlern, Labels geschieht, meinen Arbeitgebern, Kollegen und Freunden, ist ungewiss.

Aber ich sehe jetzt auch endlich – nach fast drei Jahren – ein, dass Marc wahrscheinlich niemals ein sogenanntes »normales« Leben führen wird, das er für sich selbst auch gar nicht zu brauchen scheint. Noch vor einigen Monaten dachte ich, Marc um jeden Preis mobilisieren zu müssen. Versuchte immer wieder, ihn aus seiner selbst gewählten Einsamkeit zu befreien. »Dank« der Coronakrise erlebe ich jetzt einen Marc, der ohne jegliche Verpflichtung aufblüht, seine Panikattacken scheinen nach und nach zu verschwinden, und sobald er Lust auf Gesellschaft hat, meldet er sich ganz von selbst. Das war ein langer Weg, auch für mich, und ich bin für diese Reise dankbar, auf die ich mich im Frühjahr 2017 aus einer zufälligen Begegnung heraus eingelassen habe.

Ich kann endlich – wirklich – akzeptieren, was Thomas Bock mir schon bei unserem ersten Treffen im Oktober 2017 auf den Weg gegeben hat:

»Wir können Hilfestellung leisten. Aber wir müssen nicht jeden ›normal‹ machen.«

# Nachwort

Ohne Katja wäre Marc erfroren.

Nur dank ihrer Hilfe konnte er seine Hilfsbedürftigkeit zumindest ansatzweise wahrnehmen und die Psychiatrie anschließend wirksam werden.

Diese Geschichte gibt zu denken. Sie verdeutlicht zum einen die Grenzen und Mängel einer Psychiatrie, die selbst zu wenig mobil ist, zu wenig aufsuchend handelt, sich hinsichtlich der Kompetenzen zersplittert und manchmal vielleicht auch Freiheit mit Gleichgültigkeit und hartnäckige sture Nachsorge mit Zwangsmaßnahmen verwechselt. Zum anderen macht die Geschichte von Marc und Katja Mut: Sie entspricht nicht dem Klischee der anonymen Großstadt und erzählt von einer Begegnung, einer Fürsorge und am Ende vielleicht sogar von einer Freundschaft, die sich so kein Autor ausdenken kann.

Katja kommt nicht aus der sozialen, sondern aus der kreativen Branche. Ihr Blick auf das Anderssein, auf die Psychiatrie ist unverstellt. Ihre Sprache ebenso. In ihrer Schilderung wird das Verrückt-Sein menschlich, die Psychiatrie normaler, als sie sich selbst sieht, und die Gestalten, die ihr in der Psychiatrie begegnen, wirken unabhängig von ihrer Rolle – ob Patienten und Personal – zugleich skurril und liebenswert.

Als sich die beiden das erste Mal begegneten, war Marc ein gebeutelter und gestrandeter junger Mann. Von seiner zerbrechenden Familie zu früh allein gelassen, zwischen verschiedenen Kulturen heimatlos und nach eigenen Worten von den

Erwartungen anderer überfordert. Seine eigenen kreativen und spirituellen Fähigkeiten lagen brach, stießen nicht mehr auf Resonanz, konnten ihn in der Not nicht retten.

Psychosen sind die existenziellen Krisen besonders dünnhäutiger, verletzlicher Menschen. Sie spiegeln unsere Besonderheit, dass wir uns immer wieder neu »verorten« müssen. Oder unsere Fähigkeit, die Realität immer wieder infrage stellen zu können. Wir sind keine Instinktwesen, die nach einem Programm leben. Fahren nicht wie ein Zug auf einer Schiene. Unser Weg führt durch Ambivalenzen und Widersprüche, die uns manchmal überfordern.

Psychosen sind oft Rettung und Risiko zugleich: Marc war so heimatlos, so haltlos und drohte so uferlos verloren zu gehen, dass seine fixe Idee, eine bestimmte Bank am Rande des Schanzenviertels in Hamburg nicht mehr verlassen zu wollen, ihn gleichzeitig innerlich verortete und äußerlich gefährdete. Er trug viele Jacken übereinander, nicht nur gegen Kälte und den Regen, sondern auch im verzweifelten Bemühen um eine dickere Haut. Er trug seine Wollmütze, bis sie mit den Haaren verfilzte, weil es eine andere Geborgenheit nicht mehr gab.

Ich bewundere und schätze die Kollegen der Akutstation für ihre Geduld: Sie ließen Marc Kleidung und Mütze und erlaubten ihm, die Parkbank mit dem Krankenhausbett zu tauschen. Ohne spezielle Bedingungen oder besondere Anforderungen. So konnte er erst mal ankommen und sehr langsam seinen Modus des Existierens erweitern. Ohne fremde Hilfe wäre er allerdings nie an diesen Ort der Hilfe gelangt.

Das zeigt, dass Psychiatrie mobiler werden muss – innerlich und äußerlich. Wir behandeln nicht Diagnosen, sondern Menschen. Symptome sind nicht nur Defizite, sondern Ausdruck von Not. Wir müssen die Geschichten erkennen, die sie erzählen, und dafür brauchen wir ihren Kontext. Doch auch eine mobilere Psychiatrie bleibt gesellschaftlich eingebunden, und jeder Mensch, der psychisch erkrankt, ist auf das soziale Leben angewiesen, braucht Familie, Freunde, Nachbarn, Kolleginnen und Kollegen oder zumindest die Lidl-Verkäuferin und den anderen obdachlosen Kumpel.

Marc brauchte Katja, die Nachbarin, die beim Spaziergang mit dem Hund quasi über ihn stolperte und im positiven Sinne irritiert war. Die spürte oder ahnte, dass hier »was nicht stimmt«. Im Hamburger Schanzenviertel gibt es viele Obdachlose und viele Verrückte – in vieler und längst nicht immer psychiatrischer Hinsicht. Doch dieser Obdachlose war anders. Seine Verrücktheit war nicht sinnlos, aber sie gefährdete ihn. Hamburg ist im Winter nicht nur nass, sondern manchmal auch bitterkalt.

Was passierte in diesem Moment? Eine Begegnung, eine Wahrheit, eine Geste der Menschlichkeit? Wir sind gewohnt, die Großstadt als Ort der Anonymität zu betrachten. Und tatsächlich ist Urbanität ein Risikofaktor. Tatsächlich braucht es aktive politische Bemühungen um bezahlbaren Wohnraum, um Begegnungsstätten und Bedeutungsräume, um Kultur und Natur, um dem seelischen Elend, in das wir alle geraten können, um der Einsamkeit, die uns allen (spätestens im hohen Alter) droht, wirksam entgegentreten zu können.

Und doch ist das offensichtlich nicht die ganze Wahrheit: Auch an unwirtlichen Orten finden ungewöhnliche Begegnungen statt. Auch wir geschäftigen Gewohnheitsmenschen können uns berühren lassen. Niemand kann verpflichtet werden oder muss sich verpflichtet fühlen, das Gleiche zu tun wie Katja Hübner. Das würde alle Beteiligten überfordern. Doch alle können daraus lernen: Schon der etwas andere Blick, die weniger abfällige Geste, der innere Bezug, das eigene Befragen macht uns alle lebendiger.

Wenn wir etwas Verrücktes tun, lassen oder bei anderen sehen, so hat das seine Gründe. Auch wenn wir die nicht gleich verstehen, ist das nie nur verrückt. Ob und wie wir anderen Menschen begegnen, ist nie völlig belanglos – für die anderen und für uns nicht. Psychiatrie ist auch ein solcher Begegnungsraum, und wir tun gut daran, unsere Handlungsweisen und Prinzipien immer mal wieder mit der Alltagsbrille zu betrachten – so wie Katja es tut.

Nicht nur für Marc gilt: Psychisch erkrankte Menschen sind oft einsam, leiden unter der Abgrenzung der Mitbürger meist mehr als unter den Rest-Symptomen. Sie freuen sich mehr über einen sozialen Ort, eine anvertraute Aufgabe oder einen bescheidenen lebbaren Kontakt, als wir es uns vorstellen können.

Psychiatrie wird der Medizin zugerechnet – historisch betrachtet erst seit Kurzem. Doch sie ist anders, bunter, vielseitiger und interessanter als jedes andere medizinische Fachgebiet.

Für eine komplizierte OP suchen wir den besten Spezialisten und die möglichst keimfreie Station. Psychiatrie ist immer auch ein sozialer Ort, der auf therapeutische Beziehung und soziales Geschehen angewiesen ist, um Selbstwahrnehmung, -besinnung und -reflexion wieder in Gang zu setzen, um alte Konflikte zu benennen, Bedürfnisse anzuerkennen und den eigenen Ressourcen wieder zu trauen. Genesungsbegleiter, also ehemalige Patienten mit Zusatzausbildung, verstärken den Austausch untereinander und helfen Psychose-Erfahrenen wieder Selbstvertrauen zu gewinnen.

Ob wir uns nach existenziellen Krisen wieder spüren, uns wieder trauen und wohlfühlen, entscheidet sich dort, wo wir leben. Deshalb ist es unsinnig, die (Akut-)Psychiatrie in Kliniken zu sperren und an Betten zu binden. Für Marc begann die Hilfe dort, wo er war – auf der Parkbank. Psychiatrie ist dann hilfreich, wenn sie nicht nur äußerlich mobiler wird, sondern den Blick weitet und die sozialen Räume wieder wahrnimmt oder ihr Verschwinden bemerkt und bemängelt. Wenn sie die Angehörigen, KollegInnen, Freunde wahrnimmt – und die Nachbarn.

Katja Hübner kennenzulernen war für Marc ein Glück – und auch für mich.

Dieses Buch zu lesen ist ein Gewinn – für Mitbürger, die mehr wahrnehmen wollen von der Komplexität unserer inneren Welt.

*Prof. Thomas Bock*,
am 4. Mai 2020

# Dank

Ich danke Paulina & Frank für bedingungslosen Rückhalt, Thomas Bock für seine unglaubliche Unterstützung, dem UKE Hamburg, dem Jesuscenter, der Diakonie und allen helfenden Händen, Markus Naegele für sein Vertrauen, Kirsten Naegele fürs Mutzusprechen und Alex Raack für seine großartige Hilfe bei Struktur und Aufbau.

# Anhang

## Psychische Störungen – ein fließender Übergang

Psychische Störungen sind so vielfältig wie wir Menschen. Diagnosen sind Versuche, die Vielfalt zu ordnen, keine Erklärung. Nahezu alle Menschen kennen kritische Lebensphasen; nahezu alle Familien kennen Menschen mit psychischen Besonderheiten und Erkrankungen. Der Übergang ist fließend. Niemand ist nur gesund oder nur krank. Nahezu alle psychischen Erkrankungen beginnen als Versuch, seelische Not zu bewältigen.

• Ängste sind eine überlebenswichtige Fähigkeit, sich vor Gefahren zu schützen. Erst wenn die Angst so allgemein oder akut wird, dass wir handlungsunfähig werden, sprechen wir von Angststörungen.

• Rituale sind ein Versuch, Unsicherheit zu reduzieren, Angst zu bändigen. Alle Kulturen und Religionen zeugen davon. Erst wenn wir scheinbar keine Wahl mehr haben und in ein inneres Gefängnis geraten, sprechen wir von Zwangsstörung.

• Depressionen sind zu verstehen als eine Art Totstellreflex der Seele. Wenn uns Gefühle überfordern, kann unsere Seele auf Durchzug stellen. Das kann für den ersten Moment nach schweren Verlusten/Konflikten ein Schutzmechanismus sein. Erst wenn wir nicht mehr zu unserem Gefühl (Trauer, Wut u. a.) zurückfinden, wenn wir kein Zeitgefühl mehr haben, beginnt eine Eigendynamik Richtung Erkrankung, brauchen wir Hilfe, um uns wieder zu spüren.

• Der Weg in die andere Richtung, aus der Verzweiflung zum Leichtsinn, kann eine Art Flucht nach vorne sein – im Bemühen, der depressiven Überanpassung zu entgehen. Erst wenn dann beschämende Dinge passieren, die die nächste Depression vorbereiten, kann ein Teufelskreis losgehen inkl. Manie, brauchen wir Hilfe, um wieder Grenzen zu finden.

• Menschen unterscheiden sich, haben verschiedene, vielleicht auch akzentuierte Persönlichkeiten. Erst auf längere Sicht, wenn sich innere und äußere Störungen hochschaukeln, sprechen wir von Persönlichkeitsstörungen. – Bei der häufigsten, der sogenannten Borderline-Störung, gibt es oft traumatische Erfahrungen als Auslöser, zugleich eine große Sensibilität für die Erfahrungen anderer. Die krasse Art, Beziehungen zu gestalten, erinnert an das, was fast alle in der Pubertät erleben. Die typische Selbstverletzung ist nicht selten ein Versuch, sich zu spüren oder seelische Schmerzen zu überlagern.

• Wenn wir auf Menschen mit psychischen Störungen schauen, lohnt es, nicht nur auf das Fremde, die Normabweichung zu schauen, sondern auch auf das Gemeinsame, zutiefst Menschliche. Diese anthropologische muss die pathologische Sicht ergänzen. Das reduziert die Angst, die Vorurteile, erhöht die Sensibilität und Toleranz. So sinkt das Risiko von Selbst- und Fremdstigmatisierung und steigt die Chance, die besondere und riskante Erfahrung wieder anzueignen, sie wieder mit dem eigenen Leben zu verbinden. Das gilt auch für Psychosen.

## Psychosen

• Psychosen sind ein Ausdruck besonderer Dünnhäutigkeit; die Grenzen der eigenen Person werden durchlässig, sodass innere Dialoge zu äußeren werden, uns äußere Ereignisse filterlos treffen. Unsere Selbstverständlichkeit geht verloren.

- Manche vergleichen ihre Psychose-Erfahrungen mit Träumen – nur eben ohne den Schutz des Schlafes. So wie es Wunsch- und Albträume gibt, vermitteln auch Psychosen Zugang zu Bedürfnissen und Ängsten.

- Manche vergleichen sie mit frühen Wahrnehmungsmustern: Ähnlich wie wir als Kinder alles auf uns beziehen, weil wir von uns noch nicht absehen/abstrahieren können und die Vielfalt der Welt uns sonst überfordern würde, kann das in tiefen Krisen auch später geschehen.

- Psychotisch zu werden heißt, die Realität verändert wahrzunehmen und eher assoziativ, weniger logisch zu denken. Zugleich reagieren wir in Psychosen auf innere und äußere Not, auf vermeintliche und reale Bedrohung. In Psychosen sind wir auch der Wirklichkeit schutzloser ausgeliefert. In Psychosen spiegeln sich auch die Risiken, die uns alle betreffen – die Bedrohung der Natur, des (inneren) Friedens, des Datenschutzes, die Spannweite von Arm und Reich ...

- In Psychosen können sich unsere Wahrnehmungen verändern (Halluzinationen); Wahnvorstellungen erscheinen dann oft als Versuch, das Ungewöhnliche zu erklären. Diese Offenheit der Wahrnehmung und diese Durchlässigkeit der eigenen Grenzen (Ich-Störung) können auch sonst in Krisen auftreten; die Übergänge sind fließend.

- Ansatzweise kann jeder Mensch psychotisch werden – bei extremer Überforderung, die uns zwingt, uns wegzubeamen (Dissoziation), und bei extremer Isolation, wenn wir keine Resonanz mehr haben und ein eigenes Echo brauchen und erzeugen, um uns zu spüren (Halluzination). Die Schwelle, ab wann das geschieht, ist unterschiedlich.

- Psychotische Zustände können bei verschiedenen Erkrankungen auftreten. So gibt es schizophrene Psychosen; die Begriffe sind fast gleichbedeutend. Und affektive Psychosen, veränderte Wahrnehmungen in Phasen, in denen ansonsten vor allem Stimmung und Antrieb verändert sind (Depressionen und Manien).

• Etwa ein Prozent der Menschen erleben in ihrem Leben Psychosen – ein Drittel einmal und nicht wieder, ein Drittel in Lebenskrisen eventuell erneut, ein Drittel mit Restsymptomen oder Beeinträchtigungen, die mit und ohne Medikation auftreten können.

• Das Hören von Stimmen alleine ist nicht mit Psychosen gleichzusetzen und kulturabhängig: Beispielsweise haben drei bis fünf Prozent der Menschen in Westeuropa angegeben, Stimmen zu hören oder gehört zu haben, bis zu dreißig Prozent sind es in Westafrika. Dort ist das Hören der Verstorbenen hochakzeptiert und gehört zur Kultur.

## Psychiatrie

• Menschen mit Psychosen brauchen vielfältige Hilfen: Eine therapeutische Beziehung hilft, sich wieder zu orientieren; medikamentöse Hilfe kann vorübergehend die fehlenden Filter ersetzen, neue soziale Erfahrungen machen Mut und tragen dazu bei, sich wieder zu verstehen und zu akzeptieren.

• Noch immer ist unser Hilfesystem oft zu hochschwellig, sind zu viele Leistungen auf Kliniken konzentriert, sind die Akutstationen zu groß, steril und lebensfremd.

• Aktuell kommt es darauf an, auch akute Hilfen niedrigschwelliger zu machen, vor Ort anzubieten, Menschen auch in schweren Krisen dort zu begleiten, wo sie leben – zu Hause, in Wohneinrichtungen oder auf der Straße.

• Neue Gesetze ermöglichen Home-Treatment (Behandlung zu Hause) oder auch Peer-Support (Hilfe durch geschulte Erfahrene), doch viele Träger scheuen noch davor zurück.

• Psychiatrie ist nur so gut wie die Bedingungen unseres Zusammenlebens. Menschen mit der besonderen Sensibilität von

Psychosen machen unübersehbar, was wir alle brauchen – bezahlbaren Wohnraum, sinnvolle Aufgaben, soziale Begegnung und kulturelle Beteiligung. Insofern ist eine Psychiatriereform untrennbar verbunden, mit Sozial-, Kommunal-, Umwelt- und Friedenspolitik.

• Im Umgang mit den Schwächsten zeigt sich die Kultur einer Gesellschaft.

• In der Nazipsychiatrie war die Diagnose Schizophrenie für viele ein Todesurteil, für andere bedeutete sie die Zwangssterilisation. Die Psychiatriereform hat einen Neuanfang ermöglicht, Bettensäle beseitigt, viele Hilfen lebensnäher gestaltet und sie dorthin gebracht, wo wir leben. Inzwischen ist Psychotherapie bei Psychosen eine Pflichtleistung der Kassen. Der Weg dorthin ist aber immer noch steinig. Trotzdem markiert diese Entwicklung von 1944 bis 2014 eine enorme kulturelle Veränderung.

## Obdachlos und psychisch krank

• Viele Obdachlose sind psychisch krank, oder ihr Gesundheitszustand verschlechtert sich unter den harten Lebensbedingungen.

• Viele psychisch erkrankte Menschen haben ein erhöhtes Risiko, obdachlos zu werden, manchmal weil ihnen vorübergehend die entsprechenden Kompetenzen fehlen, oft aber auch aus materieller Not.

• Psychisch erkrankte Obdachlose kommen mit den allgemeinen Hilfsangeboten oft nicht zurecht; sie meiden die Massenquartiere und vermissen einen Rückzugsraum tagsüber.

• In vielen Kommunen und Kreisen fehlen niedrigschwellige psychiatrische Hilfen, arbeiten Eingliederungs- und Wohnungslosenhilfe unverbunden nebeneinander.

• Angebote der Eingliederungshilfe sind unter dem Druck der Kostenträger oft zu hochschwellig, erreichen psychisch erkrankte Obdachlose nicht.

- Allerdings gibt es sehr erfolgreiche Modellprojekte wie das Hotel Plus in Köln, und es wäre nach dem neuen Gesetz auf mobile Akutbehandlung auch aufsuchende Hilfen für Obdachlose möglich.

- Hier braucht es vor Ort runde Tische oder andere politische Initiativen, die Druck machen.

# 1. Erste Adressen und Informationsquellen für Erkrankte und Angehörige

**Internetadressen:** www.psychenet.de, www.stimmenhoeren.de, www.dgbs.de

**Bundesverband Psychiatrieerfahrener** (www.bpe-online.de) **und Bundesverband der Angehörigen psychisch erkrankter Menschen** (www.bapk.de) – **jeweils mit Landesverbänden:** Beratung, Seminare, Angehörigengruppen

**Sozialpsychiatrische Dienste** in den Bezirksämtern: Beratung, Krisenintervention, Vermittlung (in manchen Bundesländern auch in gemeinnütziger Trägerschaft)

**Telefonseelsorge**
Telefon: 0800 1110111 (evangelisch)/0800 1110222 (katholisch) oder 116123 (anonyme und kostenlos)
www.telefonseelsorge.de

**Im Notfall**
Unter der bundesweit einheitlichen Rufnummer 116117 erreichen Sie den ärztlichen (psychiatrischen) Bereitschaftsdienst, der Patienten in dringenden, aber nicht lebensbedrohlichen medizinischen Fällen ambulant behandelt – auch nachts, an Wochenenden und an Feiertagen.

# 2. Suche nach niedergelassenen Psychiatern und Psychotherapeuten

www.psychotherapeuten-suche.de sowie über die Krankenkassen

# 3. Aufsuchen von Ambulanzen und/oder Notaufnahmen des zuständigen Sektorkrankenhauses

Krisenintervention, ambulante, teilstationäre und stationäre Angebote, sozialpädagogische Unterstützung, Vermittlung von weiterführenden Unterstützungsangeboten

Häufig angegliedert an Kliniken:

**Psychose-Seminare/Trialogische Gesprächsgruppen/Angehörigengruppen**

**Hilfen für Kinder psychisch kranker Eltern** (Beratungsstellen und Vereine)

**Peer-Beratung** (Gesprächsangebot von Psychiatrieerfahrenen)

# 4. Bei sozialem Hilfebedarf

**Allgemeine Sozialberatungsstellen** der Stadtteile und Kirchengemeinden (Unterstützung bei Schriftverkehr und Antragstellungen)

**Fachamt für Wohnungsnotfälle** in den Bezirksämtern

**Spezifische Beratungsstellen:**

Schuldnerberatung, Wohnungslosenberatung, Suchtberatung, Erziehungsberatung u. a.

# 5. Allgemeiner Hilfebedarf in Bezug auf die Lebensführung

**Eingliederungshilfe nach SGB 9/BTHG (Bundesteilhabegesetz)**
Ein Antrag auf Eingliederungshilfe wird beim Fachamt für Eingliederungshilfe gestellt. Hier werden im Rahmen der Antragstellung die unterschiedlichen Bedarfe erarbeitet und die möglichen Maßnahmen verschiedener Anbieter zur Erreichung der Ziele festgestellt. Diese Leistungen fallen unter die staatlichen Sozialleistungen, sofern kein ausreichendes Einkommen vorhanden ist.

Die Eingliederungshilfe kann betreute ambulante Angebote, betreute Wohnangebote sowie berufliche Förderung umfassen.

## 6. Hilfebedarf in Bezug auf die berufliche Integration

Wird in der Regel von den Arbeitsämtern, Rentenversicherungsträgern oder Krankenkassen finanziert, wo auch entsprechende Beratung angeboten wird.

Informationen können auch direkt bei den Anbietern eingeholt werden: Integrationsfachfirmen, Träger der beruflichen Rehabilitation, medizinische Rehabilitation für psychisch erkrankte Menschen (RPK)

Integrationsfachamt/Antrag auf Schwerbehinderung

## 7. Verordnungen über den niedergelassenen Arzt oder die Psychiatrischen Institutsambulanzen (PIAs) der Kliniken/Krankenkassenleistung

Fachpsychiatrische aufsuchende Pflege, Soziotherapie, Psychotherapie, Ergotherapie, Arbeitstherapie

## 8. Hilfebedarf in Bezug auf Vollmachten und der begrenzten Übernahme von Aufgabenkreisen

Finanzen, Behördenangelegenheiten, Wohnungsangelegenheiten, Gesundheitssorge u. a.

Beratung zu Vollmachten und gesetzlicher Betreuung wird in Betreuungsvereinen angeboten.

Ein Antrag auf die Einsetzung einer gesetzlichen BetreuerIn als Beistand wird formlos beim Betreuungsgericht in den Amtsgerichten gestellt.

# Literatur

## Allgemein

Dörner, K., Plog, U., Bock, T., Brieger, P., Heinz, A., Wendt, F. (2017): Irren ist menschlich – Lehrbuch der Psychiatrie und Psychotherapie, Psychiatrieverlag.

AG der Psychoseseminare (2007): Es ist normal, verschieden zu sein. Verständnis und Behandlung von Psychosen aus der Sicht von Erfahrenen und Experten. www.irremenschlich.de.

## Erfahrenen-Perspektive

Buck-Zerchin, D. (2014): Auf der Spur des Morgensterns. Psychose als Selbstfindung, Paranus Verlag.

Reisewitz, F. (2018): Von Goa nach Walsrode. Auf Drogen und Psychosen, BALANCE buch + medien verlag.

## Angehörigen-Perspektive

BAPK e. V. (2014): Mit psychischer Krankheit in der Familie leben – Rat und Hilfe für Angehörige, Psychiatrieverlag Köln.Samstag, K. und F. (2017): Wahnsinn um drei Ecken – eine Familiengeschichte, BALANCE buch + medien verlag. (Geschwister-Perspektive)

Beitler, H.-H. (2008): Zusammen wachsen, Psychose, Partnerschaft und Familie, BALANCE buch + medien verlag. (Partner-Perspektive)

Lenz, A. (2012): Psychisch erkrankte Eltern und ihre Kinder, Psychiatrieverlag Basiswissen.

## Für Kinder

Fessel, K. S.; Schulmeyer, H. (2020): Mamas Püschose. Kindern Psychose erklären, BALANCE buch + medien verlag. (ab 4 J.)

Stratenwerth, I., Bock, T. (2013): Die Bettelkönigin (Ein Großstadt-Märchen), BALANCE buch + medien verlag. (ab 9 J.)

## Trialogische Fachbücher
## (Von/für Betroffene, Angehörige, Mitarbeiter)

Bock, T. (2014): Eigensinn und Psychose. »Noncompliance« als Chance, Paranus Verlag.

Bock, T. (2021): Menschen mit Psychose-Erfahrung begleiten, Psychiatrie Verlag.

Bock, T., Buck, D., Esterer, I. (2007): Stimmenreich – Mitteilungen über den Wahnsinn, BALANCE buch + medien verlag.

Knuf, A., Osterfeld, M., Seibert, U. (2014): Selbstbefähigung fördern, Psychiatrieverlag.

Utschakowski, J., Sielaff, G., Bock, T., Winter, A. (2015): Experten aus Erfahrung – Peerarbeit in der Psychiatrie, Psychiatrie Verlag.

## Verständliche Fachbücher und Ratgeber

Bock, T.; Heinz, A. (2016): Psychosen – Ringen um Selbstverständlichkeit, Psychiatrie Verlag.Bock, T., Klappheck, K., Ruppelt, F. (2014): Sinnsuche und Genesung. Erfahrungen und Forschungen zum subjektiven Sinn der Psychosen, Psychiatrie Verlag.

Bock, T. (2014/1997): Lichtjahre. Psychosen ohne Psychiatrie, Selbstverständnis und Lebensentwürfe von Menschen mit unbehandelten Psychosen, Psychiatrie Verlag.

Ciompi, L. (1989): Affektlogik: Über die Struktur der Psyche und ihre Entwicklung. Ein Beitrag zur Schizophrenieforschung, Klett-Cotta.

Finzen, A. (2019): Schizophrenie. Die Krankheit verstehen, behandeln und bewältigen, Psychiatrie Verlag.

Knuf, A., Gartelmann, A. (Hg.) (2014): Bevor die Stimmen wiederkommen. Vorsorge und Selbsthilfe bei psychotischen Krisen, BALANCE buch + medien verlag.

Schlimme, H., Brückner, B. (2017): Die abklingende Psychose, Psychiatrie Verlag.

## Wichtige Internetportale

www.netzwerk-stimmenhoeren.de
www.psychiatrie.de
www.trialog-psychoseseminar.de